Aline Kurt

Unterrichtsreihe zum Sofort-Loslegen

# Lebensraum Wiese und Hecke

Klasse 1/2

Stundenverläufe, Arbeitsblätter und Bildvorlagen für die Grundschule

Verlag an der Ruhr

# Impressum

**Titel**
Unterrichtsreihe zum Sofort-Loslegen: **Lebensraum Wiese und Hecke** – Klasse 1/2
*Stundenverläufe, Arbeitsblätter und Bildvorlagen für die Grundschule*

**Autorin**
Aline Kurt

**Umschlagmotive/Kapiteldeckblätter**
Wiese © Jürgen Fälchle, Raupe, Schnecke © macrovector,
Lupe © Maksim Samasiuk, CD-Rohling © James Blacklock – alle Fotolia.com

**Illustrationen**
wenn nicht anders angegeben © Verlag an der Ruhr

**Druck**
AZ Druck und Datentechnik GmbH, Kempten, DE

**Verlag an der Ruhr**
Mülheim an der Ruhr
www.verlagruhr.de

**Geeignet für die Klassen 1–2**

**Unser Beitrag zum Umweltschutz**
Wir sind seit 2008 ein ÖKOPROFIT®-Betrieb und setzen uns damit aktiv für den Umweltschutz ein. Das ÖKOPROFIT®-Projekt unterstützt Betriebe dabei, die Umwelt durch nachhaltiges Wirtschaften zu entlasten. Unsere Produkte sind grundsätzlich auf chlorfrei gebleichtes und nach Umweltschutzstandards zertifiziertes Papier gedruckt.


**ISBN 978-3-8346-2979-1**

# Inhaltsverzeichnis

© Ursula Arndt



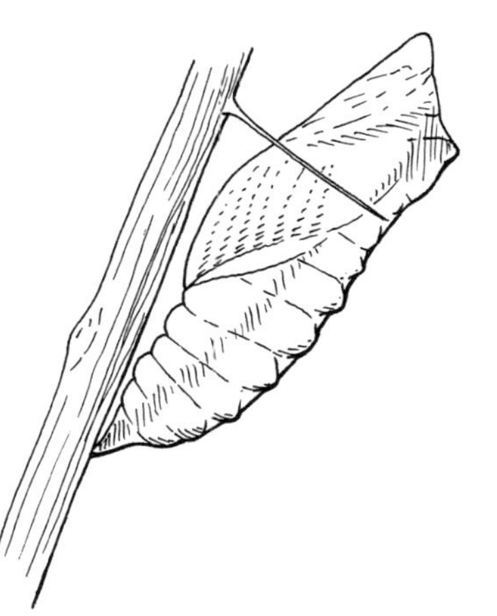

© Astrid Wilkesmann

# Vorwort

## Liebe Leser*,

die beiden Ökosysteme Wiese und Hecke stellen für viele Tiere und Pflanzen einen einzigartigen Lebensraum dar und sind in den Lehrplänen für die Klassenstufe 1/2 fest verankert. Denn hier gibt es für Ihre Schüler jede Menge zu lernen und zu entdecken!

Da ich aus eigener Erfahrung weiß, wie begrenzt Ihre Zeit ist, habe ich im vorliegenden Buch relevante Bausteine zu beiden Lehrplanbereichen für Sie ausgearbeitet.

Viele dieser Unterrichtsstunden sind zum „Sofort-Loslegen" konzipiert und benötigen kaum Vorbereitung. Was wäre jedoch eine Unterrichtsreihe zum Thema Wiese und Hecke, die nur im Klassenzimmer durchgeführt wird und auf den Einsatz von Realia komplett verzichtet? Um den Prinzipien eines modernen Unterrichts gerecht zu werden, finden Sie in diesem Buch daher auch Unterrichtsstunden, die teilweise etwas mehr Vorbereitung benötigen.

Damit auch den Nichtlesern bzw. leseschwächeren Schülern Rechnung getragen wird, finden Sie Arbeitsblätter, wann immer nötig, in zweifach differenzierter Form.

### Zum Aufbau des Buches

Das Buch ist in die folgenden drei Lernbereiche unterteilt:

- **Lebensraum Wiese**
  Hier lernen die Kinder ausgewählte Wiesenpflanzen und Tiere kennen. Sie erkunden die Stockwerke der Wiese und werden zu aktiven Wiesenforschern.
- **Lebensraum Hecke**
  Diese Unterrichtsbausteine informieren über exemplarische Heckenpflanzen und -bewohner. Die Kinder werden als Heckenforscher selbst aktiv.

Beide Lernbereiche bestehen aus einzelnen Modulen, aus denen Sie frei wählen können. Zu jedem Modul finden Sie eine oder mehrere Lehrerseiten, die die folgenden Informationen für Sie bereithalten:

- kurze Erläuterung zum Ablauf der Stunde
- Kompetenzerwartung
- benötigte Materialien
- Hinweise zur Vorbereitung
- detaillierter Stundenverlauf

Anknüpfend an die Lehrerseiten finden Sie ein vielfältiges Materialangebot, das direkt eingesetzt werden kann. Dabei handelt es sich z. B. um:

- Bildvorlagen
- Vorlesegeschichten
- Arbeitsblätter

Auf den Arbeitsblättern finden Sie Angaben zur Sozialform und ggf. zum Schwierigkeitsgrad:

Einzelarbeit

Partnerarbeit

Gruppenarbeit

(—•) für Nichtleser/leseschwächere Schüler

(—••) für Leser

### Inhalte der CD-ROM

Auf der CD-ROM finden Sie sämtliche Materialien als PDF bzw. editierbare Word-Vorlagen. Schnell können Sie so die benötigten Materialien ausdrucken oder an die Bedürfnisse Ihrer Schüler anpassen.

Nun hoffe ich, dass Sie und vor allem Ihre Schüler genauso viel Spaß bei der Durchführung der Unterrichtsstunden haben wie ich bei der Konzeption.

Ihre
*Aline Kurt*

* Aus Gründen der besseren Lesbarkeit haben wir in diesem Buch durchgehend die männliche Form verwendet. Natürlich sind damit auch immer Frauen und Mädchen gemeint, also Lehrerinnen, Schülerinnen etc.

# Lebensraum Wiese

# Alle Unterrichtsstunden auf einen Blick

| Übergeordnetes Stundenthema | Inhalt |
| --- | --- |
| **Meine Wiesen-Erfahrungen** (S. 7–8) | Die Kinder aktivieren mithilfe einer Fantasiereise ihr Vorwissen zum Thema „Wiese“ und tauschen sich darüber aus. |
| **Was blüht denn da?** (S. 9–10) | Welche Pflanzen wachsen auf der Wiese? In dieser Unterrichtsstunde lernen die Kinder ausgewählte Wiesenpflanzen kennen. |
| **Pflanzenteile kennenlernen** (S. 11–12) | Anhand eines Experimentes lernen die Kinder den Aufbau und die Funktion einzelner Pflanzenteile (Blatt, Blüte, Stängel, Wurzel) kennen. |
| **Vom Samen zur Pflanze am Beispiel Löwenzahn** (S. 13–15) | Die Kinder setzen sich mit dem Entwicklungszyklus einer Löwenzahnpflanze auseinander. |
| **Die Stockwerke der Wiese** (S. 16–19) | Dass jede Wiese – ähnlich wie ein Haus – aus mehreren Stockwerken besteht, erfahren die Kinder in dieser Unterrichtsstunde. |
| **Wiesen-Stockwerke und ihre Bewohner** (S. 20–24) | In dieser speziell für Nichtleser konzipierten Unterrichtsstunde lernen die Kinder Hummel, Marienkäfer, Ameise und Feldmaus als exemplarische Wiesenbewohner kennen. |
| **Wir lernen Wiesenbewohner kennen** (S. 25–30) | Jedes Wiesen-Stockwerk beherbergt andere tierische Untermieter. Dabei handelt es sich beispielsweise um Grashüpfer, Biene, Schnecke und Regenwurm, die sich den Kindern in dieser Unterrichtsstunde präsentieren. |
| **Wir lernen den Maulwurf kennen** (S. 31–34) | Wie findet sich ein Maulwurf unter der Erde zurecht? Dieser und weiteren Fragen gehen die Kinder auf den Grund, wenn sie sich mit den Sinnen dieses Wiesenbewohners beschäftigen. |
| **Die Wiese verändert sich** (S. 35–39) | Dass die Wiese nicht immer gleich aussieht und sich die Vegetation im Verlauf der Jahreszeiten entsprechend verändert, erfahren die Kinder in dieser Unterrichtsstunde. |
| **Auf dem Weg zum Wiesen-Entdecker** (S. 40–42) | Um ein guter Wiesen-Entdecker zu werden, sind gezielte Vorbereitungen und Kenntnisse im Umgang mit der Wiese erforderlich, die die Kinder gemeinsam erarbeiten. |
| **Wir entdecken Wiesenpflanzen** (S. 43–47) | Die Kinder erforschen Wiesenpflanzen in der freien Natur. |
| **Wir entdecken Wiesentiere** (S. 48–50) | Was krabbelt, kriecht und fliegt denn da? In dieser Stunde erforschen die Kinder tierische Wiesenbewohner in freier Natur. |

# Meine Wiesen-Erfahrungen

## Darum geht's

Jedes Kind verfügt über Vorerfahrungen zum Thema Wiese. Wahrscheinlich haben Ihre Schüler die Wiese bereits ausgiebig zum Spielen und Toben genutzt. Doch vermutlich haben die wenigsten sich bereits intensiver mit diesem Ökosystem auseinandergesetzt.
In dieser Stunde erfahren Sie, über welches Vorwissen Ihre Schüler verfügen. Anhand einer Fantasiereise leiten Sie die Kinder dazu an, die in ihrem Unterbewusstsein gespeicherten Wiesenbilder ins Bewusstsein zu holen und diese in einer Zeichnung festzuhalten.

## Kompetenzerwartungen

Die Kinder …

- stellen ihre Erfahrungen zum Thema Wiese zeichnerisch dar,
- nennen Wiesenpflanzen und -tiere, die ihrem Erfahrungsschatz entsprechen.

## Materialliste

- Vorlesetext „Fantasiereise“ (S. 8)
- 1 Blatt Papier für jedes Kind
- Wachsmal- oder Buntstifte
- CD-Player
- CD mit Meditationsmusik

## Stundenverlauf

### 1 Einstieg

Bitten Sie die Kinder, es sich auf ihren Plätzen bequem zu machen und die Augen zu schließen. Wer mag, kann seine Arme auf dem Tisch ausbreiten und seinen Kopf darauf betten. Machen Sie den Kindern deutlich, dass die folgenden Impulse und Fragen zur Beantwortung im Geiste gedacht sind und die Antworten nicht laut genannt werden sollen.

Lesen Sie nun die Fantasiereise von Seite 8 vor. Achten Sie dabei auf ein angemessenes Tempo und genügend Pausen, sodass die Kinder Zeit haben, die dem Text entsprechenden Bilder auf ihre innere Leinwand zu projizieren.

### 2 Arbeitsphase

Teilen Sie jedem Kind ein Blatt Papier aus. Darauf malt jedes Kind mit Wachsmal- oder Buntstiften, wie die Wiese aussah, die es auf seiner Reise mit dem Luftballon besucht hat.
Lassen Sie währenddessen leise Meditationsmusik im Hintergrund laufen. Das wirkt beruhigend und hilft vielen Kindern, sich zu konzentrieren.

### 3 Abschluss

Kommen Sie mit den Kindern im Sitzkreis zusammen. Geben Sie jedem Kind die Möglichkeit, sein Wiesenbild zu präsentieren und die von ihm gezeichneten Pflanzen und Tiere zu benennen.

# Meine Reise mit dem Luftballon – Fantasiereise

Während du so gemütlich auf deinem Stuhl sitzt, berührt dich etwas sanft an deiner Schulter. Es ist ein Luftballon, der dich einlädt, ihn auf seiner Reise zu begleiten. Nimm die lange Schnur, die neben dir baumelt, und halte dich daran fest. Du spürst, wie der Luftballon langsam nach oben steigt. Deine Füße verlassen den Boden. Dir wird ganz warm und leicht zu Mute. Ein schönes Gefühl macht sich in dir breit.

Dein Luftballon trägt dich aus dem Klassenzimmer hinaus. Gemeinsam fliegt ihr durch das geöffnete Fenster.
Spürst du, wie der Wind dich mit einem zarten Hauch begrüßt? Die Schule erscheint dir immer kleiner, denn du steigst höher und höher hinauf. Schau einmal, wie winzig alles unter dir aussieht!

Dein Luftballon beginnt nun langsam zu sinken. Unter dir befindet sich eine große Wiese, auf die du dich immer näher zubewegst. Noch bist du ganz weit oben und kannst nur das satte Grün des Grases und ein paar Farbtupfer erkennen. Gespannt hältst du danach Ausschau, während die große Wiese immer näher kommt.
Voller Freude ziehst du deine Schuhe und Strümpfe aus. Jetzt berühren deine Füße endlich den Boden. Fühlt sich das nicht toll an? Kitzelt dich das Gras oder streichelt es sanft deine Fußsohlen?

Mit deinem Luftballon in der Hand begibst du dich auf Entdeckungsreise. Schau dir die Wiese einmal ganz genau an. Was siehst du hier alles? Wie sehen die Blumen aus? Gibt es viele verschiedene Blumen oder nur einige Sorten? Welche Farbe haben die Blumen? Betrachte die Grashalme einmal genauer. Sehen sie alle gleich aus? Beuge dich tief über die Wiese und schaue, welche Tiere darin herumkrabbeln. Kommen Sie dir bekannt vor?

Langsam wird es Zeit, zurückzukehren. Du steigst mit deinem Luftballon immer höher. Sanft trägt er dich den Weg zurück. Dabei erscheint dir die Wiese immer kleiner. Verabschiede dich noch einmal von ihr. Wer weiß, vielleicht kommst du ja bald zu ihr zurück?

Du näherst dich deiner Schule. Durch das offene Fenster fliegst du zurück ins Klassenzimmer und landest sanft auf deinem Platz.

Öffne nun wieder deine Augen – willkommen zurück!

# Was blüht denn da?

## Darum geht's

In dieser Unterrichtsstunde holen Sie die Wiese ins Klassenzimmer – und teilweise sogar auf den Teller! Je nach Blütezeit steht eine unterschiedliche Auswahl an Wiesenblumen zur Verfügung: Veilchen blühen von März bis April und Gänseblümchen von März bis November. Löwenzahn ziert von April bis Juli unsere Wiesen. Und Rotklee, Hahnenfuß und Spitzwegerich gibt es von April bis Oktober zu entdecken. Es empfiehlt sich, die Unterrichtsstunde im April durchzuführen. In diesem Monat sind voraussichtlich alle der hier exemplarisch vorgestellten Pflanzen auf der Wiese zu finden.

## Kompetenzerwartungen

Die Kinder kennen ausgewählte Wiesenpflanzen und können diese beschreiben.

## Materialliste

- je 2–3 Pflanzen: Veilchen, Gänseblümchen, Löwenzahn, Spitzwegerich, Rotklee, Hahnenfuß
- 6 Gläser
- 6 beschriftete Namensschilder
- grünes Tuch
- Brot
- Arbeitsblatt (S. 10) für jedes Kind

für die Kräuterbutter:

- 1 Päckchen weiche Butter
- 1 Prise Salz
- 1 Hand voll Gänseblümchenblüten
- 1 Hand voll Veilchen
- 2–3 junge Löwenzahnblätter
- Schüssel
- Kochlöffel
- Messer
- Schneidebrett

## Das bereiten Sie vor

Stellen Sie die Wiesenpflanzen jeweils in ein mit Wasser gefülltes Glas und platzieren Sie dieses auf einem grünen Tuch, das Sie zuvor auf dem Boden ausgebreitet haben.

Notieren Sie den jeweiligen Pflanzennamen auf einem Namensschild und legen Sie dieses verdeckt vor die entsprechende Pflanze.
Kopieren Sie das Arbeitsblatt (S. 10) für jedes Kind.

## Stundenverlauf

### 1 Einstieg

Kommen Sie mit Ihren Schülern im Sitzkreis zusammen. Geben Sie ihnen zunächst Gelegenheit, die Pflanzen in Ruhe zu betrachten. Bitten Sie die Kinder, jede Pflanze zu beschreiben. Nennen Sie dann den jeweiligen Pflanzennamen und drehen Sie die vorbereiteten Namensschilder um. Klären Sie Ihre Schüler darüber auf, dass viele Wiesenpflanzen genießbar, einige – wie z. B. der mitgebrachte Hahnenfuß – hingegen giftig sind.

### 2 Arbeitsphase

Zurück am Arbeitsplatz, erhält jedes Kind ein Arbeitsblatt, auf dem es die dort abgebildeten Pflanzen in der richtigen Farbe ausmalt. Die von Ihnen mitgebrachten Pflanzen und Namensschilder bieten eine zusätzliche Hilfestellung – insbesondere für **Nichtleser** und leseschwächere Schüler.

### 3 Abschluss

Vergleichen Sie die Arbeitsergebnisse. Bereiten Sie anschließend gemeinsam eine Wildkräuterbutter zu. Hierzu rupfen/schneiden Sie die Gänseblümchen, Veilchen und Löwenzahnblätter in möglichst feine Stücke und vermischen das Ganze mit Butter und etwas Salz. Verkosten Sie die Butter auf einem Stück frischem Brot.

# Kennst du diese Wiesenpflanzen?

**Male die Blüten richtig an.**

| | | |
|---|---|---|
| **Veilchen** | | Die Blüten sind lila. |
| **Gänseblümchen** | | Die Blüten sind weiß. Der Kreis in der Mitte ist gelb. |
| **Löwenzahn** | | Die Blüten sind gelb. |
| **Spitzwegerich** | | Die Spitze ist braun. Die Blüten sind weiß. |
| **Rotklee** | | Die Blüten sind lila. |
| **Hahnenfuß** | | Die Blüten sind gelb. |



ISBN 978-3-8346-2979-1 | www.verlagruhr.de

# Pflanzenteile kennenlernen

## Darum geht's

In dieser Unterrichtsstunde lernen die Kinder die Bestandteile einer Pflanze (Wurzel, Stängel, Blatt, Blüte) kennen. Anhand zweier Experimente erfahren sie, wie Pflanzen Wasser und Licht aufnehmen, um sich damit zu versorgen. Hierfür benötigen Sie nichts weiter als ein mit Wasser und Tinte gefülltes Glas, etwas Kreppband sowie eine Löwenzahnpflanze. Diese findet sich von April bis Ende Juli auf Wiesen, in Gärten und am Wegesrand.

## Kompetenzerwartungen

Die Kinder …

- kennen die Bestandteile einer Pflanze (Wurzel, Stängel, Blatt, Blüte).
- wissen, was eine Pflanze zum Leben benötigt (Erde, Wasser, Licht).
- wissen, wie das Wasser in die Pflanze gelangt.

## Materialliste

- blühender Löwenzahn mit Wurzeln
- mit Erde gefüllter Blumentopf
- Zeitungspapier
- Glas
- Wasser
- Tinte
- Kreppband
- Arbeitsblatt (S. 12) für jedes Kind

## Das bereiten Sie vor

Graben Sie eine Löwenzahnpflanze aus und betten Sie diese in einen mit Erde gefüllten Blumentopf. So lässt sich die Pflanze sicher transportieren. Kopieren Sie das Arbeitsblatt für jedes Kind.

## Stundenverlauf

### 1 Einstieg

Bilden Sie mit den Kindern einen Sitzkreis und stellen Sie den Blumentopf mit dem Löwenzahn in dessen Mitte. Verwenden Sie etwas Zeitungspapier als Unterlage. Lassen Sie die Kinder die Pflanze benennen und beschreiben. Gehen Sie in dem Gespräch auf die einzelnen Pflanzenteile (Blüte, Blatt, Stängel und Wurzel) ein und benennen Sie diese gemeinsam.

### 2 Arbeitsphase

Besprechen Sie mit den Kindern, was eine Pflanze zum Leben benötigt (Erde, Licht, Wasser). Überlegen Sie nun, wie das Wasser in die Pflanze gelangt. Befüllen Sie hierfür ein Glas mit Wasser und fügen Sie so viel Tinte hinzu, bis sich das Wasser dunkelblau färbt. Graben Sie die Löwenzahnpflanze aus. Befreien Sie die Wurzeln von der Erde und stellen Sie die Pflanze in das Glas. Die Kinder beobachten und beschreiben, was passiert: Über die Wurzeln nimmt die Pflanze die Flüssigkeit auf und transportiert sie über den Stängel bis zur Blüte.
Zeigen Sie in einem weiteren Experiment, wie das Sonnenlicht von der Pflanze aufgenommen wird. Kleben Sie hierfür einzelne Blätter mit Kreppband ab und stellen Sie die Pflanze an einen sonnigen Ort. Entfernen Sie das Kreppband nach einigen Tagen und besprechen Sie das Versuchsergebnis: Über die Blätter nimmt die Pflanze Kohlendioxid auf. Mithilfe des Sonnenlichts wandelt die Pflanze das Kohlendioxid in Sauerstoff um. Dabei färben sich ihre Blätter grün. Wird das Blatt jedoch mit Kreppband verdeckt, ist dieser Vorgang gestört – das Blatt verliert seine grüne Farbe.

### 3 Abschluss

Teilen Sie jedem Kind ein Arbeitsblatt aus. Lesen Sie den **Nichtlesern** die Aufgaben in Form eines Maldiktates vor.

# Kennst du die Pflanzenteile vom Löwenzahn?

1. Male die Wurzeln braun an.
2. Male die Stängel hellgrün an.
3. Male die Blätter dunkelgrün an.
4. Welche Farbe haben die Blüten? Male sie an.

ISBN 978-3-8346-2979-1 | www.verlagruhr.de

# Vom Samen zur Pflanze am Beispiel Löwenzahn

## Darum geht's

Pusteblumen sehen nicht nur schön aus, sondern haben auch eine wichtige Funktion. In dieser Unterrichtsstunde erfahren die Kinder, wie sich Löwenzahn vermehrt, und nehmen hierzu dessen weiße „Flauschbällchen" genauer unter die Lupe.

## Kompetenzerwartungen

Die Kinder kennen den Verbreitungsweg des Löwenzahns und können diesen mit eigenen Worten beschreiben.

## Materialliste

- Löwenzahn in verschiedenen Vegetationsstadien (volle Löwenzahnblüte, verwelkte und von Hüllblättern verschlossene Löwenzahnblüte, Pusteblume)
- Arbeitsblätter für **Nichtleser** (S. 14) und **Leser** (S. 15)
- Schere und Kleber für jedes Kind
- Folienkopie der Bildkarten (S. 14)
- Tageslichtprojektor

## Das bereiten Sie vor

Pflücken Sie Löwenzahn in verschiedenen Entwicklungsstadien (volle Löwenzahnblüte, verwelkte und von Hüllblättern verschlossene Löwenzahnblüte, Pusteblume), um den Kindern den Entstehungskreislauf dieser Pflanze zu verdeutlichen.

Fertigen Sie für die **Nichtleser** eine Kopie des Arbeitsblattes von Seite 14 an. Die **Leser** benötigen eine Kopie von Seite 15.

Sollten Ihnen keine Löwenzahnpflanzen vorliegen, können Sie stattdessen auch die auf Seite 14 abgebildeten Bildkarten verwenden.

## Stundenverlauf

### 1 Einstieg

Bilden Sie mit den Kindern einen Sitzkreis. Legen Sie die mitgebrachten Löwenzahnpflanzen in die Kreismitte und lassen Sie sie von den Kindern benennen und vergleichen.

### 2 Arbeitsphase

Bringen Sie die Pflanzen in die folgende Reihenfolge: 1. volle Löwenzahnblüte, 2. verwelkte und von Hüllblättern verschlossene Löwenzahnblüte, 3. Pusteblume. Erläutern Sie anhand der Pflanzen den Verbreitungsweg des Löwenzahns:

- **Volle Löwenzahnblüte**
  *Die gelbe Löwenzahnblüte ist von grünen Blättern umgeben. Sie heißen Hüllblätter. Am Abend und bei Regen verschließen sie die Blüte.*
- **Verwelkte und von Hüllblättern verschlossene Blüte**
  *Die Hüllblätter legen sich auch um die Blüte, wenn sie verblüht ist. Nun kann der Samen reifen. Die gelben Blütenblätter vertrocknen und die Hüllblätter öffnen sich wieder. Die getrockneten Blüten fallen heraus.*
- **Pusteblume**
  *Es bleiben nur die Samen übrig. Die Samen haben kleine Flugschirme. Der Wind weht sie aus der Pflanze heraus. Er trägt sie weit fort (ein Kind gegen die Pusteblume pusten lassen). Die Samen fallen auf den Boden. Mit dem Regen gelangen sie in die Erde. Hier wächst bald ein neuer Löwenzahn.*

Zurück am Platz, erhalten die Kinder eine ihrem Leseniveau entsprechende Arbeitsblattkopie und bringen die dort abgebildeten Bilder in die richtige Reihenfolge.

### 3 Abschluss

Vergleichen Sie die Ergebnisse gemeinsam am Tageslichtprojektor.

# Die Entwicklung des Löwenzahns

**1. Schneide die Bilder aus.**

**2. Klebe sie in der richtigen Reihenfolge in dein Heft.**

**3. Male die Bilder an.**

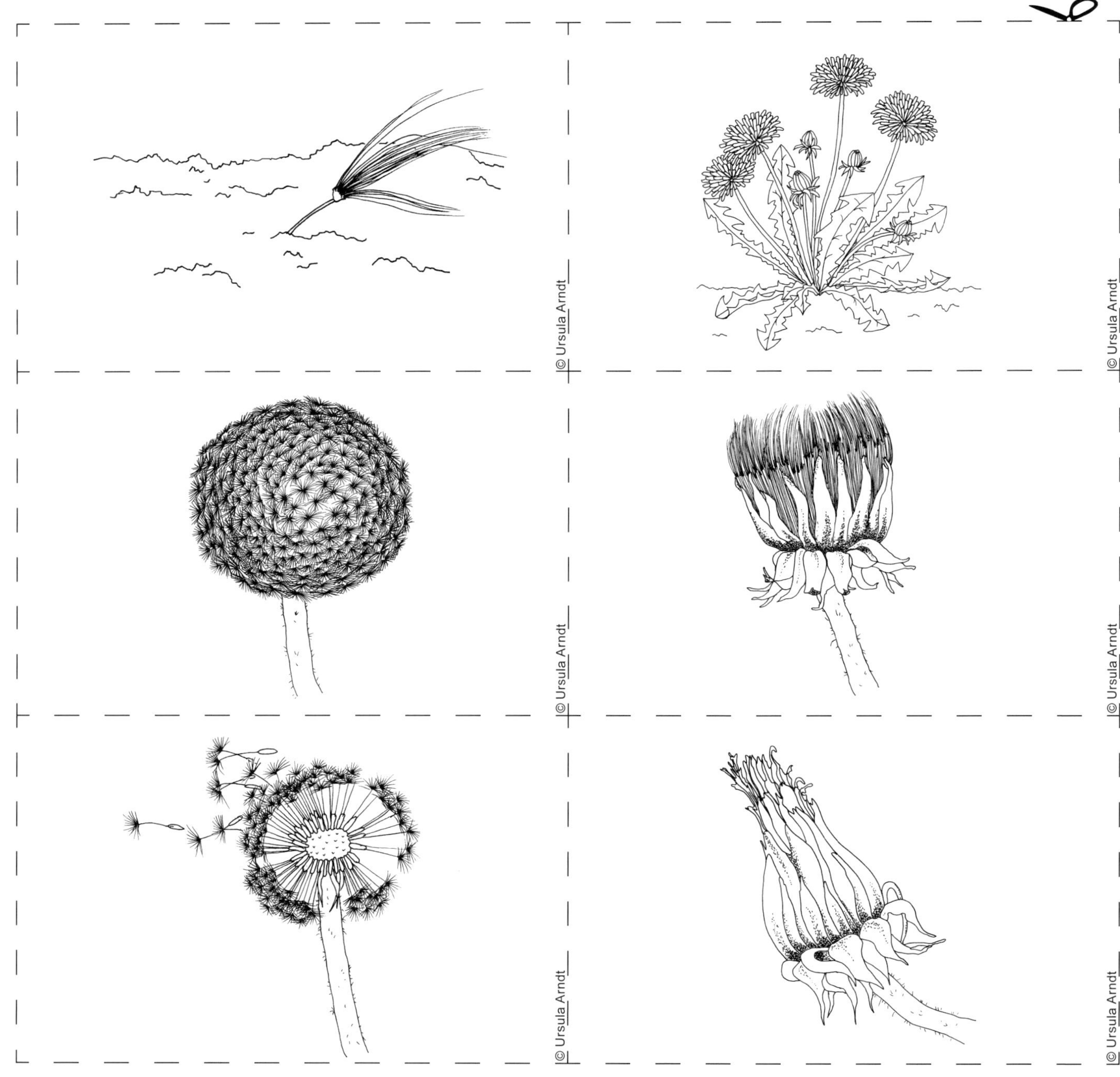






ISBN 978-3-8346-2979-1 | www.verlagruhr.de

# Die Entwicklung des Löwenzahns

**1. Schneide die Bilder und Texte aus.**

**2. Klebe sie in der richtigen Reihenfolge in dein Heft.**

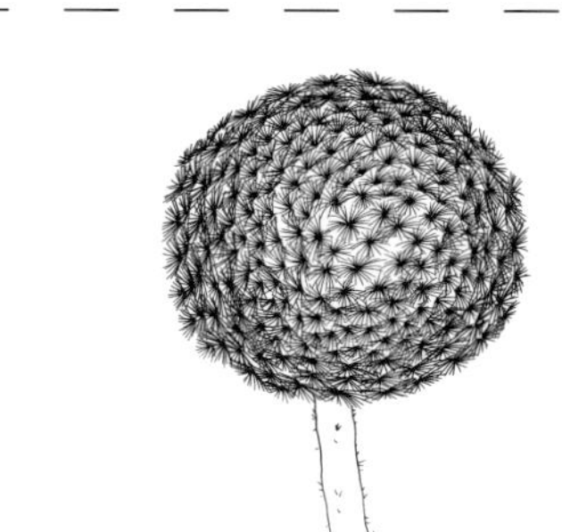



Die Samen fallen auf den Boden. Mit dem Regen gelangen sie in die Erde. Hier wächst bald ein neuer Löwenzahn.

Aus einer dicken Wurzel wachsen Blätter. Stängel treiben aus und bilden Knospen. Die gelben Blütenköpfe öffnen sich.

Die Samen sind vollständig ausgebildet. Der Löwenzahn sieht nun aus wie eine weiße Kugel.

Die Blüte verwelkt. Grüne Hüllblätter verschließen die Blüte.

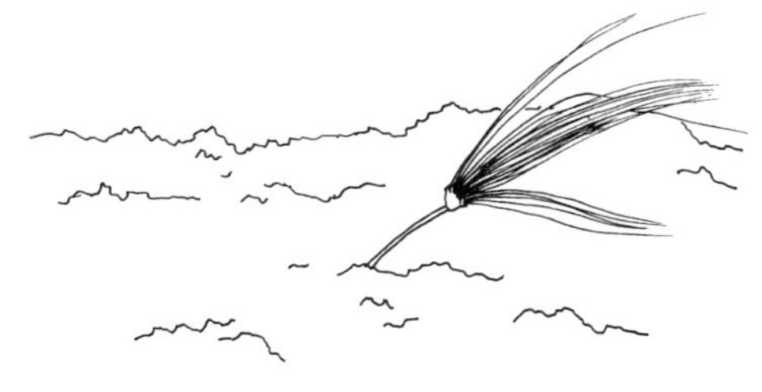



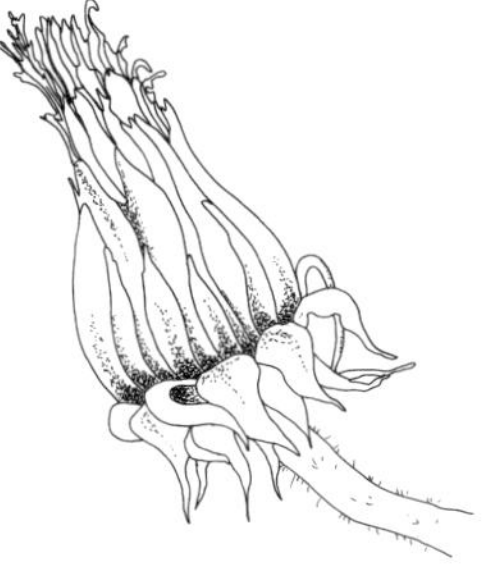



Die Hüllblätter öffnen sich wieder. Die Samen wachsen heran.

Die Samen haben kleine Flugschirme. Der Wind trägt sie weit fort.

© Verlag an der Ruhr | Autorin: Aline Kurt |
ISBN 978-3-8346-2979-1 | www.verlagruhr.de

# Die Stockwerke der Wiese

**Darum geht's**

In dieser Stunde lernen die Kinder die vier Vegetationsschichten der Wiese kennen: Wurzel-, Streu-, Kraut- und Blütenschicht.

## Kompetenzerwartungen

Die Kinder …

- wissen, dass die Wiese aus vier Stockwerken (Vegetationsschichten) besteht und können diese benennen.
- können die Pflanzenteile den Stockwerken (Vegetationsschichten) zuordnen.

## Materialliste

- Bastelvorlage (S. 17)
- 2 Bogen Tonkarton (DIN A4)
- Bildvorlage (S. 18)
- Arbeitsblatt für jedes Kind (S. 19)
- Kleber und Schere für jedes Kind

## Das bereiten Sie vor

Kopieren Sie die Bastelvorlage (S. 17) auf zwei Bogen Tonkarton und schneiden Sie diesen entlang der gestrichelten Linie aus. Falten Sie den Tonkarton und kleben Sie ihn an den entsprechenden Markierungen zu einem Haus zusammen. Kopieren Sie die Bildvorlage (S. 18) und fertigen Sie für jedes Kind eine Kopie des Arbeitsblattes (S. 19) an.

## Stundenverlauf

### 1 Einstieg

Bilden Sie mit den Kindern einen Sitzkreis und legen Sie die Bildvorlage „Wiese" als stummen Impuls in die Kreismitte. Nachdem sich die Kinder geäußert haben, zeigen Sie ihnen das aus Tonkarton gebastelte Haus: *Dieses Haus hat etwas mit der Wiese gemeinsam. Was könnte es sein?*

### 2 Arbeitsphase

Nachdem die Kinder ihre Vermutungen geäußert haben, leiten Sie sie durch gezielte Frage-Impulse an. Verwenden Sie zur Veranschaulichung die beiden Bildvorlagen:

- *Das Haus hat mehrere Stockwerke. Wie heißen sie? (Keller, Erdgeschoss, 1. Stock, Dachgeschoss).*
- *Auch die Wiese hat ein **Dach**. Es heißt Blütenschicht. Wo könnte es sein? Was siehst du in der **Blütenschicht**?*
- *Den **1. Stock** der Wiese nennt man **Krautschicht**. Wo ist dieses Stockwerk? Was siehst du in der Krautschicht?*
- *Das **Erdgeschoss** der Wiese heißt **Streuschicht**. Sie ist auf der Erde. Was siehst du hier?*
- *Der **Keller** der Wiese heißt **Wurzelschicht**. Wir können ihn nicht von außen sehen, weil er unter der Erde liegt. Was könnte sich hier befinden?*

Zurück am Platz, erhalten die Kinder das Arbeitsblatt. Lesen Sie den **Nichtlesern** die Aufgabenstellung vor. Die Kinder schneiden die Bilder aus und kleben sie in das richtige Stockwerk.

### 3 Abschluss

Besprechen Sie die Arbeitsergebnisse gemeinsam im Plenum.

# Die Stockwerke des Hauses – Bastelvorlage

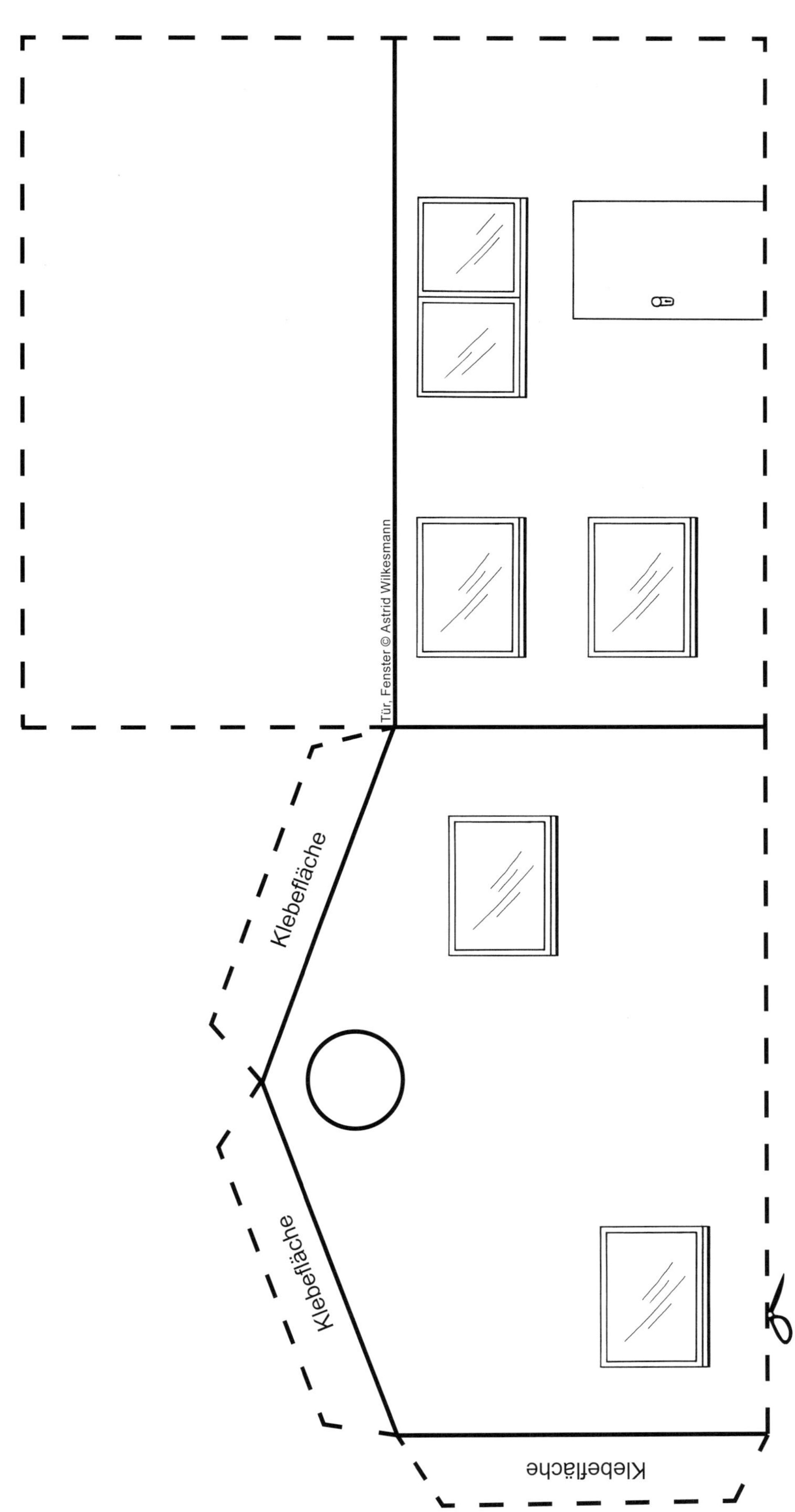

# Die Stockwerke der Wiese – Bildvorlage

ISBN 978-3-8346-2979-1 | www.verlagruhr.de

# Die Stockwerke der Wiese

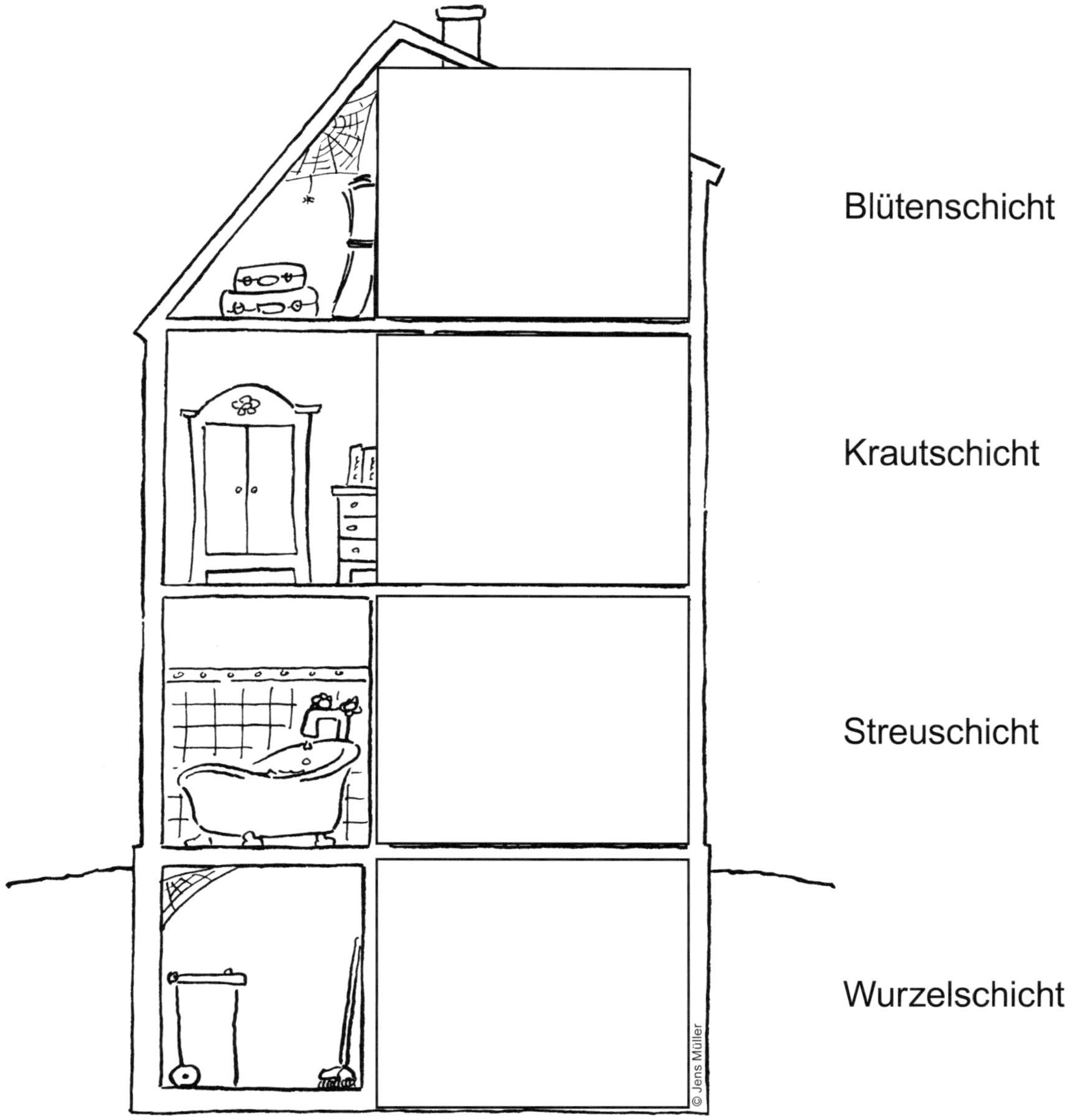

Blütenschicht

Krautschicht

Streuschicht

Wurzelschicht

© Jens Müller

**1. Schneide die Bilder aus.**

**2. Klebe die Bilder an die richtige Stelle in dein Haus.**

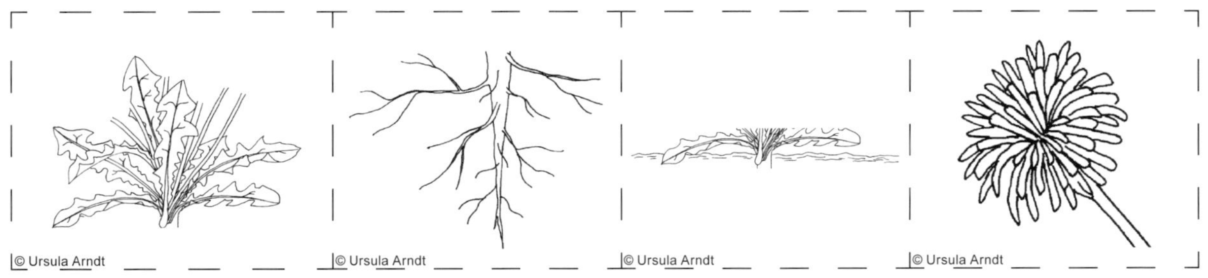

# Wiesen-Stockwerke und ihre Bewohner – für Nichtleser

## Darum geht's

In dieser Unterrichtsstunde lernen die Kinder passend zu jedem Stockwerk einen exemplarischen Wiesenbewohner kennen. Mithilfe der Bilddetektivmethode betrachten sie in einem Wimmelbild Hummel (Blütenschicht), Marienkäfer (Krautschicht), Ameise (Streuschicht) und Feldmaus (Wurzelschicht). Dazu erhält jedes Kind eine Bildvorlage, die es mit einer „Lupe“ untersucht. Im Anschluss erhalten die Kinder von Ihnen die nötigen Informationen zu den Tieren, die für Sie als Vorlesetext bereitstehen, und überprüfen ihr Wissen mithilfe eines Arbeitsblattes.

Die Stunde wurde speziell für **Nichtleser** konzipiert. Eine Unterrichsvariante für **Leser** findet sich auf Seite 25.

## Kompetenzerwartungen

Die Kinder ...

- wissen, dass die Wiese Tieren als Lebensraum dient.
- können zu jedem Stockwerk (Vegetationsschicht) einen exemplarischen Wiesenbewohner nennen und beschreiben.

## Materialliste

- Vorlesetexte (S. 21/22)

für jedes Kind:

- Wimmelbild und „Lupe“ (S. 23)
- Schere
- Arbeitsblatt (S. 24)

## Das bereiten Sie vor

Kopieren Sie das Wimmelbild mit der „Lupe“ und das Arbeitsblatt für jedes Kind.

## Stundenverlauf

### 1 Einstieg

Teilen Sie Ihren Schülern das Wimmelbild mit der „Lupe“ aus.

Die Kinder schneiden die „Lupe“ entlang der gestrichelten Linien aus und betrachten das Wimmelbild mit deren Hilfe. Geben Sie ihnen ausreichend Zeit, bevor Sie ihre Aufmerksamkeit auf die hier abgebildeten Tiere (Hummel, Marienkäfer, Ameise, Feldmaus) lenken.

### 2 Arbeitsphase

Lesen Sie zu jedem Tier den passenden Text vor. Auch hier nutzen die Kinder ihre „Lupe“ und legen sie auf das entsprechende Tier im Wimmelbild.

Besprechen Sie zunächst den Inhalt, bevor Sie zum nächsten Tier übergehen. Dabei können Sie sich an den unterhalb der Vorlesetexte eingefügten Frage-Impulsen orientieren.

### 3 Abschluss

Teilen Sie den Kindern das Arbeitsblatt aus und lesen Sie ihnen die Aufgabenstellung vor. Die Kontrolle erfolgt in Partnerarbeit. Dazu vergleichen die Kinder ihre Ergebnisse mit ihrem Sitznachbarn.

Alternativ können Sie das Arbeitsblatt auch auf Folie ziehen und gemeinsam am Tageslichtprojektor besprechen.

# Wiesen-Stockwerke und ihre Bewohner – Vorlesetexte (I/2)

## Hummeln

Hummeln gehören zu den Insekten. So nennt man alle Tiere, die sechs Beine haben. Insekten erkennt man auch an ihrem dreigeteilten Körper. Er besteht aus Kopf, Brust und Hinterteil.
Hummeln haben am ganzen Körper feine Härchen. Dadurch fühlen sie sich ganz weich an. Ihr Körper ist dunkel-braun mit zwei orangen Streifen.
Auf dem Kopf tragen sie zwei Fühler, mit denen sie tasten können. Mit ihren Augen können Hummeln sehr gut sehen. Am Kopf haben sie einen Saugrüssel. Damit saugen sie Nektar aus den Blüten. So nennt man den süßen Saft in den Blüten. Die Hummeln stellen daraus Honig her.
Auf den Blüten sitzt feiner Blütenstaub, die Pollen. Sie bleiben an den Haaren der Hummel hängen. Mit ihren Beinen schiebt die Hummel die Pollen zusammen und sammelt sie in ihrem Pollenkörbchen. Es befindet sich an den Hinterbeinen.
Da die Hummel Flügel hat, kann sie von Blüte zu Blüte fliegen und Nahrung suchen. In der Blütenschicht der Wiese fühlt sich die Hummel besonders wohl.
Bei Gefahr kann sich die Hummel mit ihrem Giftstachel verteidigen. Sie ist aber ein sehr friedliches Tier und benutzt den Stachel nur, wenn sie bedrängt wird.

- *Warum gehören Hummeln zu den Insekten?*
- *Wie sehen Hummeln aus?*
- *Was fressen Hummeln?*
- *Was machen Hummeln mit dem Nektar?*
- *Was machen Hummeln bei Gefahr?*

## Marienkäfer

Es gibt viele verschiedene Marienkäfer. Bei uns leben vor allem die Siebenpunkt-Marienkäfer. Sie sind rot und haben sieben schwarze Punkte auf ihrem Rücken. Wie alle Insekten haben Marienkäfer sechs Beine. Ihr Kopf und ihre Augen sind schwarz. Sie haben zwei Fühler. Damit können sie tasten. Mit ihren Flügeln können Marienkäfer weit fliegen. Marienkäfer leben im zweiten Stockwerk der Wiese, der Krautschicht. Dort finden sie ihre Nahrung.
Marienkäfer fressen gern Blattläuse. Hierfür brauchen sie ihr Mundwerkzeug. Mit ihm können sie saugen und beißen.
Bei Gefahr wenden Marienkäfer einen Trick an. Sie lassen sich auf den Rücken fallen und stellen sich tot.

- *Wie heißen die Marienkäfer, die man in unserer Wiese besonders oft trifft?*
- *Wie bewegen sich Marienkäfer fort?*
- *Wo leben Marienkäfer in der Wiese?*
- *Was fressen Marienkäfer besonders gern?*
- *Was machen Marienkäfer bei Gefahr?*

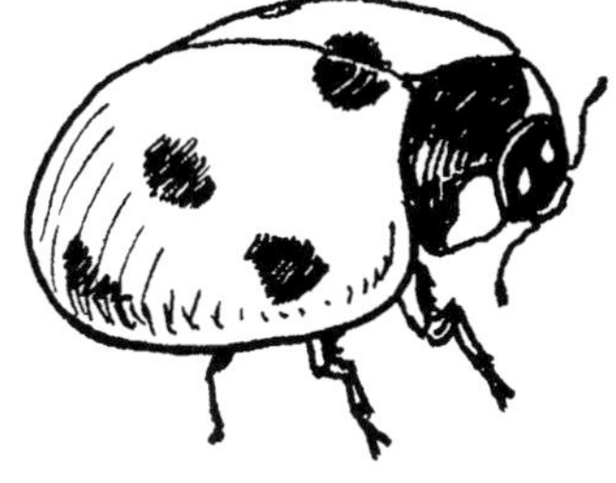

# Wiesen-Stockwerke und ihre Bewohner – Vorlesetexte (2/2)

## Ameise

Ameisen gehören zu den Insekten. Sie haben sechs Beine und einen dreigeteilten Körper. Auf ihrem Rücken tragen Ameisen einen Panzer. Er schützt sie. Ihre beiden Fühler nutzen sie zum Riechen, wie eine Nase. Mit ihren beiden Augen können Ameisen gut sehen.

Es gibt verschiedene Ameisenarten. Man unterscheidet sie anhand ihrer Größe und Farbe. Ameisen, die in der Wiese leben, heißen Rasenameisen. Sie sind dunkelbraun und kleiner als ihre im Wald lebenden Verwandten.
Rasenameisen bauen ihr Nest in der Wurzelschicht, also unter der Wiese. Die meiste Zeit verbringen sie jedoch auf der Wiese in der Streuschicht. Unter und in der Wiese leben viele Ameisen zusammen.
Jede Ameise hat dabei bestimmte Aufgaben zu erledigen. Einige Ameisen füttern den Nachwuchs, andere müssen das Nest bewachen oder Futter suchen. Rasenameisen sind Allesfresser. Das heißt, sie fressen so ziemlich alles, was sie finden.

Ameisen können auch miteinander „sprechen". Dazu benutzen sie Duftstoffe, die sie in ihren Duftdrüsen herstellen. Droht Gefahr oder haben die Ameisen Nahrung gefunden, schicken sie eine Duftbotschaft. Die anderen Ameisen wissen sofort, was gemeint ist, und eilen herbei.

- *Wie heißen Ameisen, die in der Wiese leben?*
- *Wie sehen die Rasenameisen aus?*
- *Wo haben Rasenameisen ihr Nest?*
- *Was fressen Ameisen?*
- *Wie „sprechen" Ameisen miteinander? Worüber könnten sie sprechen?*

© Eva Spanjardt

## Feldmaus

Feldmäuse gehören zu den Nagetieren. Man erkennt sie an ihrem Gebiss. Alle Nagetiere haben oben und unten jeweils zwei besonders starke Zähne in ihrem Mund.
Auch die Feldmaus hat solche Nagezähne. Sie hat graubraunes kurzes Fell. An ihrem Bauch ist das Fell weiß oder hellbraun. Selbst ihre Ohren und die vier Beine sind behaart. Nur ihre Füße und der Schwanz sind nackt.
Mit ihren Ohren kann die Feldmaus sehr gut hören. Sie befinden sich oben auf dem Kopf. Ihre Vorderbeine nutzt die Feldmaus nicht nur zum Laufen. Sie hält auch ihre Nahrung damit fest, damit sie besser daran nagen kann.
Gräser und Kräuter aus der Krautschicht der Wiese mag sie besonders gern. Die Feldmaus frisst aber auch Wurzeln und Knollen, die sie unter der Wiese in der Wurzelschicht findet. Dort baut sie zusammen mit anderen Feldmäusen ihr Nest. Es besteht aus vielen verschiedenen Kammern, die durch Gänge miteinander verbunden sind.

- *Wie sieht die Feldmaus aus?*
- *Warum ist die Feldmaus ein Nagetier?*
- *Wofür braucht die Feldmaus ihre Vorderbeine?*
- *Was frisst die Feldmaus besonders gern?*
- *Wo lebt die Feldmaus?*

© Dorothee Wolters

# Was fliegt, krabbelt und kriecht denn da? – Wimmelbild

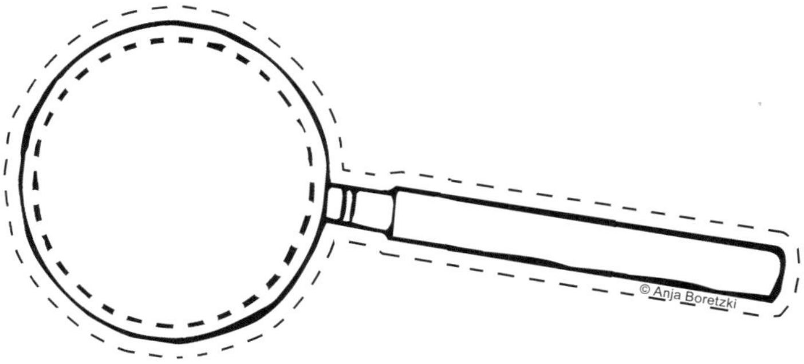

© Anja Boretzki

Wiesenbild © Ursula Arndt; Ameise © Eva Spanjardt; Maus © Dorothee Wolters; Marienkäfer, Hummel © Astrid Wilkesmann

# Kennst du die Wiesentiere?

**1. Male richtig an.**

**2. Wo findet die Hummel ihren Nektar? Kreise ein.**

**3. Wie unterhalten sich Ameisen? Zeichne.**

**4. Was machen Marienkäfer bei Gefahr? Zeichne.**

**5. Was frisst die Feldmaus besonders gern? Kreise ein.**

ISBN 978-3-8346-2979-1 | www.verlagruhr.de

# Wir lernen Wiesenbewohner kennen – für Leser

### Darum geht's

In der folgenden Unterrichtsstunde lernen die Kinder einen exemplarischen Wiesenbewohner aus jeder Vegetationsschicht kennen. Die vier Arbeitsblätter sind in zwei Schwierigkeitsstufen unterteilt, um auch den nicht so geübten Lesern gerecht zu werden.
Für die **Nichtleser** finden Sie auf den Seiten 20–24 eine Ersatzstunde.

### Kompetenzerwartungen

Die Kinder ...

- wissen, dass die Wiese Tieren als Lebensraum dient.
- können zu jedem Stockwerk (Vegetationsschicht) einen exemplarischen Wiesenbewohner nennen und beschreiben.

### Materialliste

- Bildkarten (S. 26)
- Arbeitsblätter (S. 27–30)
- Tonpapier (DIN A3) für jede Kleingruppe
- Schere
- Kleber
- Malerkrepp oder Magnete

### Das bereiten Sie vor

Kopieren Sie die Bildkarten (S. 26) und schneiden Sie diese entlang der gestrichelten Linie aus. Sie benötigen für jedes Kind jeweils eines der vier Bilder.
Entscheiden Sie vorab, welche Schwierigkeitsstufe Sie jedem Kind zuordnen: Die ersten beiden Arbeitsblätter (Grashüpfer und Schnecke) sind relativ kurz und einfach strukturiert. Die letzten beiden Arbeitsblätter (Biene und Regenwurm) sind etwas komplexer und demnach für gute Leser geeignet.
Wählen Sie für jedes Kind einen Text aus und kopieren Sie diesen zusammen mit der passenden Bildkarte. Notieren Sie darauf jeweils den Namen der Kinder, um sich späteres Suchen zu ersparen. Stellen Sie die Tische zu Gruppentischen zusammen.

## Stundenverlauf

### 1 Einstieg

Informieren Sie die Kinder über das Stundenthema. Machen Sie ihnen dabei deutlich, dass es auf der Wiese weitaus mehr Lebewesen zu entdecken gibt, als Sie im Unterricht behandeln können. Teilen Sie jedem Kind die zuvor gewählte Bildkarte aus. Die Kinder mit dem gleichen Bildmotiv finden sich in einer Gruppe zusammen.

### 2 Arbeitsphase

Nachdem sich alle Schüler an einem der Gruppentische eingefunden haben, erhält jedes Kind das zur Bildkarte passende Arbeitsblatt. Jedes Kind liest den Text zunächst allein und beantwortet die Fragen für sich. Anschließend tauscht es sich mit seinen Gruppenmitgliedern darüber aus, bevor die Kinder gemeinsam ein Plakat zu dem jeweiligen Tier gestalten. Die Bildkarten können dabei zur Dekoration verwendet werden.
Zeichnen Sie in der Zwischenzeit eine Wiese mit ihren vier Stockwerken (Wurzelschicht, Streuschicht, Krautschicht und Blütenschicht) an die Tafel.

### 3 Abschluss

Geben Sie jeder Gruppe die Gelegenheit, ihr Plakat im Plenum zu präsentieren und das jeweilige Tier vorzustellen. Vor jedem Vortrag befestigt die Gruppe eine Bildkarte ihres Tieres im richtigen Wiesen-Stockwerk an der Tafel.

# Wiesenbewohner – Bildkarten

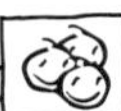

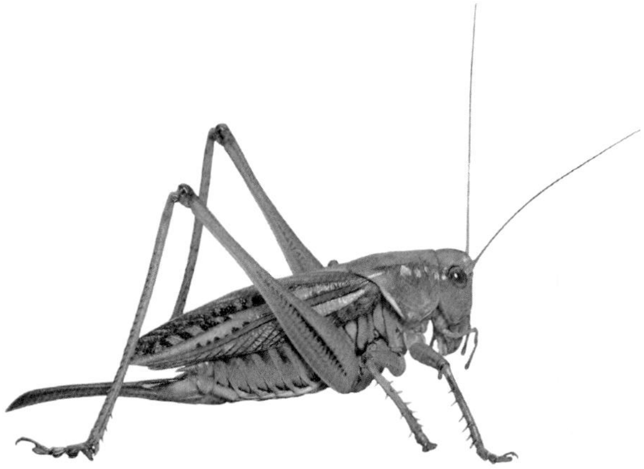

© Valery Kirsanov – Fotolia.com

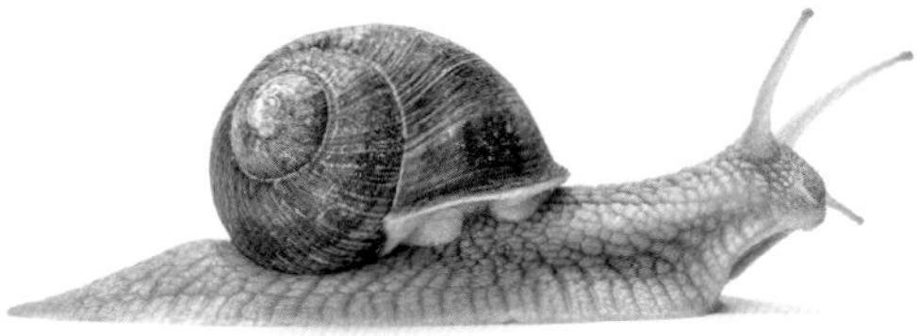

© Zerbor – Fotolia.com

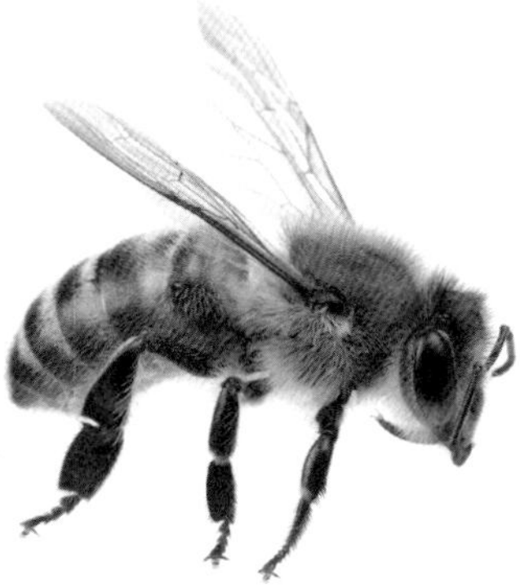

© Alekss – Fotolia.com

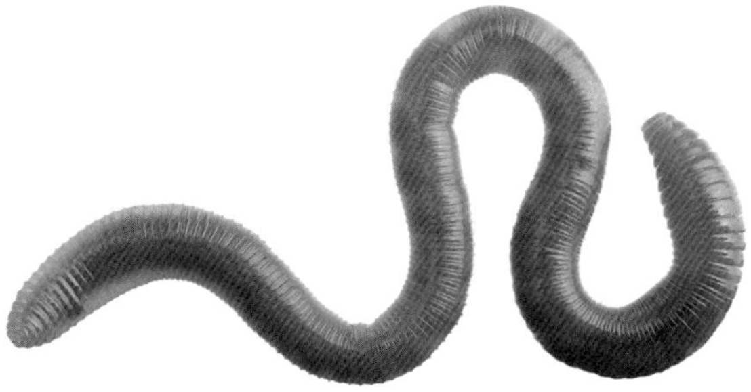

© Valentina R. – Fotolia.com



ISBN 978-3-8346-2979-1 | www.verlagruhr.de

# Grashüpfer – Gruppe 1

**1. Lies den Text.**

Der Grashüpfer ist ein grün-braunes Insekt. Wie alle Insekten hat er sechs Beine. Sein Körper besteht aus drei Teilen: Kopf, Brust, Hinterteil. Der Grashüpfer hat zwei Fühler auf dem Kopf. Damit kann er tasten. Er hat zwei Augen. Mit ihnen kann er sehr gut sehen.

Außerdem hat er Beißwerkzeuge. Der Grashüpfer braucht die Beißwerkzeuge, um Pflanzen abzureißen und zu kauen. Er frisst nämlich am liebsten Gräser. Sie wachsen in der Krautschicht der Wiese. Um dort hinzukommen, muss der Grashüpfer hoch und weit springen können. Seine starken Hinterbeine helfen ihm dabei.

Der Grashüpfer hat auch ein Paar Flügel. Aber er kann nicht fliegen. Dazu sind seine Flügel zu kurz. Der Grashüpfer braucht seine Flügel, um sich mit den anderen Grashüpfern zu unterhalten. Er reibt dazu seine Hinterbeine gegen seine Flügel. Dabei entsteht ein Geräusch. Wir nennen das Geräusch „Zirpen".

**2. Was stimmt? Kreuze an.**

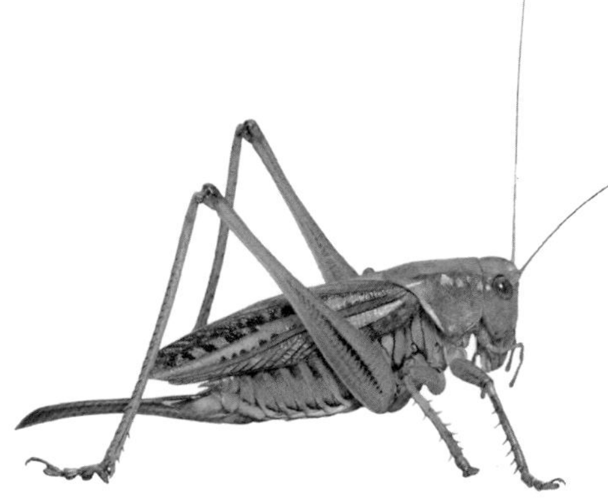

**a) Welche Farbe haben Grashüpfer?**

O grün O schwarz O grün-braun

**b) Wie bewegen sich Grashüpfer fort?**

O fliegen O springen O kriechen

**c) Was fressen Grashüpfer?**

O Blüten O Gräser O Schnecken

**d) In welchem Stockwerk findest du den Grashüpfer?**

O Blütenschicht O Wurzelschicht O Krautschicht

**e) Wie „zirpen" Grashüpfer?**

O mit dem Mund O mit den Beinen und Flügeln O mit den Fühlern


ISBN 978-3-8346-2979-1 | www.verlagruhr.de

# Schnecke – Gruppe 2

**1. Lies den Text.**

Schnecken findest du in der Streuschicht der Wiese, direkt auf der Erde. Hier finden die Schnecken ihre Nahrung. Sie fressen gern Blätter und Pilze. Auf ihrem Kopf haben Schnecken vier Fühler. Die oberen beiden Fühler sind etwas größer. Hier sitzen die Augen. Sie heißen Augenfühler. Schnecken können nicht gut sehen. Deshalb haben sie noch die beiden anderen Fühler. Sie heißen Tastfühler. Damit kann die Schnecke tasten und sogar riechen. Manche Schnecken tragen ihr Haus auf dem Rücken. Das Haus begleitet sie ihr Leben lang. Es schützt sie vor der Sonne und vor Gefahren. Schnecken kriechen über die Erde. Dabei hinterlassen sie eine schleimige Spur. Der Schleim schützt die Schnecken vor Verletzungen, wenn sie über Steine kriechen.

**2. Was stimmt? Kreuze an.**

**a) Wie viele Fühler hat die Schnecke?**

O 1 O 2 O 3 O 4

**b) Wie bewegen sich Schnecken fort?**

O springen O kriechen O fliegen

**c) Was fressen Schnecken?**

O Ameisen O Blätter O Marienkäfer

**d) In welchem Stockwerk findest du die Schnecke?**

O Blütenschicht O Krautschicht O Streuschicht O Wurzelschicht

**e) Wozu braucht die Schnecke ihr Haus?**

O Es schützt sie bei Gefahr. O Sie versteckt darin ihre Nahrung.



ISBN 978-3-8346-2979-1 | www.verlagruhr.de

# Biene – Gruppe 3

**1. Lies den Text.**

Die Biene ist ein gelb-braun gestreiftes Insekt. Wie alle Insekten hat sie sechs Beine. Ihr Körper besteht aus drei Teilen: Kopf, Brust, Hinterteil. Auf ihrem Kopf hat die Biene zwei Fühler, mit denen sie tasten und riechen kann. Die Biene hat außerdem zwei große Augen, so sieht es zumindest für uns aus. Tatsächlich bestehen ihre Augen aus ganz vielen kleinen Augen. Auf dem Rücken hat die Biene vier Flügel. Damit kann sie lange und weit fliegen. An ihrem Hinterteil befindet sich ein Giftstachel. Bienen stechen aber nur in größter Not. Denn sie können ihren Stachel nur einmal benutzen. Danach bricht er ab und die Biene stirbt. Bienen mögen die Blütenschicht der Wiese besonders gern. Hier sammeln sie den Nektar und die Pollen der Blüten. Der Nektar ist ein süßer Saft. Mit ihrem Rüssel saugen die Bienen den Nektar aus der Blüte. Die Pollen sammeln sie mit ihren Hinterbeinen. Dort befinden sich kleine Haare, an denen die Pollen hängen bleiben. Die Biene bringt den Nektar und die Pollen zu ihrem Haus. Man nennt es Bienenstock. Dort lebt sie zusammen mit vielen anderen Bienen. Der Bienenstock besteht aus mehreren Waben. Hier bewahren die Bienen ihren Honig auf. Sie stellen ihn aus dem Blütennektar und den Pollen her. Mit dem Honig füttern sie die Larven, aus denen später neue Bienen werden. Im Bienenstock wohnt auch eine Königin. Sie legt die Eier, aus denen die Larven schlüpfen.

**2. Beantworte die Fragen. Schreibe in dein Heft.**

**a)** Wie sieht die Biene aus?

**b)** Wie bewegen sich Bienen fort?

**c)** Welches Wiesen-Stockwerk mögen Bienen besonders gern?

**d)** Was fressen Bienen?

**e)** Was findest du an Bienen besonders toll oder spannend?


ISBN 978-3-8346-2979-1 | www.verlagruhr.de

# Regenwurm – Gruppe 4

**1. Lies den Text.**

Hast du schon mal einen rosa oder braunen Wurm gesehen? Hat er sich glitschig angefühlt? Dann war es bestimmt ein Regenwurm! Wenn es regnet, kriecht er auf der Wiese. Dann läuft nämlich seine Wohnung voller Wasser. Der Regenwurm lebt eigentlich in der Erde unter der Wiese. Dieser Teil der Wiese heißt Wurzelschicht. Dort ist es vollkommen dunkel.

Doch das stört den Regenwurm nicht. Er hat nämlich gar keine Augen. Trotzdem kann er hell und dunkel unterscheiden. Dabei helfen ihm die Sinneszellen an beiden Körperenden. Der Regenwurm hat auch keine Ohren und keine Nase. Er atmet mit seiner Haut.

Doch wie sieht der Regenwurm denn genau aus? Sein Körper besteht aus vielen kleinen Ringen. An jedem Ring befinden sich winzige Borsten. Du kannst sie mit bloßem Auge nicht erkennen. Die Borsten helfen dem Regenwurm beim Kriechen. Hierfür streckt er seinen Körper und zieht ihn dann wieder zusammen. Mit den Borsten stützt er sich dabei ab.

Der Regenwurm hilft anderen Tieren in der Wurzelschicht, Nahrung zu finden. Oft fallen Blätter oder andere Pflanzenteile auf den Boden. Der Regenwurm zieht sie unter die Erde. Dort können andere Lebewesen die Pflanzenreste fressen. Dabei entsteht neue Erde, die der Regenwurm frisst.

Doch der Regenwurm hilft nicht nur den Tieren. Er hilft auch der Wiese. Regenwürmer wandern die ganze Zeit durch die Erde. Dabei graben sie viele Gänge. Dadurch wird die Erde schön locker.

**2. Beantworte die Fragen. Schreibe in dein Heft.**

**a)** Wo lebt der Regenwurm?

**b)** Wie sieht der Regenwurm aus?

**c)** Wie bewegt sich der Regenwurm fort?

**d)** Was fressen Regenwürmer?

**e)** Was findest du an Regenwürmern besonders toll oder spannend?

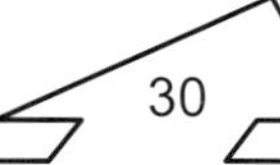




ISBN 978-3-8346-2979-1 | www.verlagruhr.de

# Wir lernen den Maulwurf kennen (I/2)

## Darum geht's

Kaum ein Gartenbesitzer freut sich über die Anwesenheit eines Maulwurfs in seinem Garten. Dabei vollbringen diese oft als lästig angesehenen Zeitgenossen geradezu unglaubliche Leistungen. Fast blind sind Maulwürfe dennoch in der Lage, ein ausgeklügeltes Höhlensystem zu bauen und dieses auch gegen ungebetene Gäste, wie z. B. Wühlmäuse, zu verteidigen.

Die folgende Unterrichtsstunde soll dazu beitragen, das Bewusstsein der Kinder für die Einzigartigkeit der kleinen Erdbewohner zu schärfen.

## Kompetenzerwartungen

Die Kinder ...

- wissen, was Maulwurfshügel sind.
- sehen die als lästig angesehenen Maulwürfe mit anderen Augen.

## Materialliste

- Folienkopie der Bildvorlage (S. 33)
- Blatt Papier
- Tageslichtprojektor
- 3 Gläser, 3 kleine Netze, 3 Gummiringe
- 3 unterschiedliche Insekten (z. B. Fliege, Spinne, Ameise)
- Gefäß mit einem Gänseblümchen
- Gefäß mit etwas Erde
- Tuch zum Verbinden der Augen für jede Zweiergruppe

## Das bereiten Sie vor

Fertigen Sie eine Folienkopie der Bildvorlage von Seite 33 an.
Fangen Sie drei Insekten. Beheimaten Sie jedes Insekt für kurze Zeit in einem Glas, das sie mit luftdurchlässigem Netz abdecken, das Sie wiederum mit einem Gummiring fixieren.
Geben Sie ein Gänseblümchen und eine Handvoll Erde in jeweils ein Gefäß.

Bauen Sie aus den Stühlen und Tischen im Klassenraum einen kleinen Hindernisparcours. Dieser soll das Höhlensystem eines Maulwurfs darstellen. Achten Sie darauf, Gefahrenquellen auszuschalten.

## Stundenverlauf

### 1 Einstieg

Legen Sie die Folie auf den Tageslichtprojektor. Schalten Sie das Gerät erst ein, wenn Sie den unteren Bildteil mit einem Blatt Papier abgedeckt haben.

Geben Sie den Kindern Gelegenheit, das Bild in Ruhe zu betrachten und sich zu äußern. Lenken Sie ihre Aufmerksamkeit anschließend auf die Maulwurfshügel:

- *Wie nennt man die Erdhügel auf dem Bild?*
- *Wer hat sie gemacht?*
- *Hast du schon einmal Maulwurfshügel gesehen?*
- *Was befindet sich unter dem Maulwurfshügel?*

Decken Sie schließlich den unteren Bildteil auf.
Die Kinder beschreiben den Maulwurf und dessen Zuhause. Lassen Sie in das Unterrichtsgespräch die folgenden Informationen einfließen:

*Der Maulwurf lebt unter der Erde und kommt nur selten ans Tageslicht. Sein Lebensraum befindet sich tief in der Erde. Dort gräbt er mit seinen Händen viele Gänge und mehrere Höhlen. Die Höhlen dienen dem Maulwurf als Unterschlupf und Vorratsraum. Die Erde, die vorher in den Gängen und Höhlen war, schiebt er mit seinem Rüssel an die Erdoberfläche. Dadurch entstehen die Maulwurfshügel.*

### 2 Arbeitsphase

Der Maulwurf ist nahezu blind und daher umso stärker auf seine anderen Sinne angewiesen.
Sein Geruchs-, Hör- und Tastsinn ist daher viel ausgeprägter, als es bei den Menschen der Fall ist. Dies erkennen die Kinder, indem sie mit geschlossenen Augen versuchen, den Inhalt eines Gefäßes unter Einsatz ihres Hör-, Geruchs- und Tastsinns zu erraten.

Bilden Sie hierzu einen Sitzkreis und geben Sie die vorbereiteten Gefäße reihum.

# Wir lernen den Maulwurf kennen (2/2)

Die Kinder versuchen nun vergeblich, alle Insekten an ihrem Geruch bzw. Geräusch zu erkennen. Wesentlich leichter dürfte es ihnen hingegen fallen, das Gänseblümchen und die Erde zu ertasten.

Wie schwierig es ist, sich mit verbundenen Augen im Raum zu orientieren, erkennen die Kinder schließlich anhand des von Ihnen vorbereiteten Hindernisparcours, den die Kinder in Zweierteams durchlaufen. Dabei passt ein sehendes Kind auf, dass sein „blinder" Partner den Parcours nicht versehentlich verlässt.

## 3 Abschluss

Besprechen Sie das Ergebnis des Selbstversuchs (Maulwürfe sind im Gegensatz zum Menschen zwar fast blind, dafür ist ihr Hör-, Geruchs- und Tastsinn wesentlich besser ausgeprägt) im Plenum.

Teilen Sie den Kindern das Arbeitsblatt von Seite 34 als Ergebnissicherung aus.

# Ungewöhnliche Erdhügel? – Bildvorlage

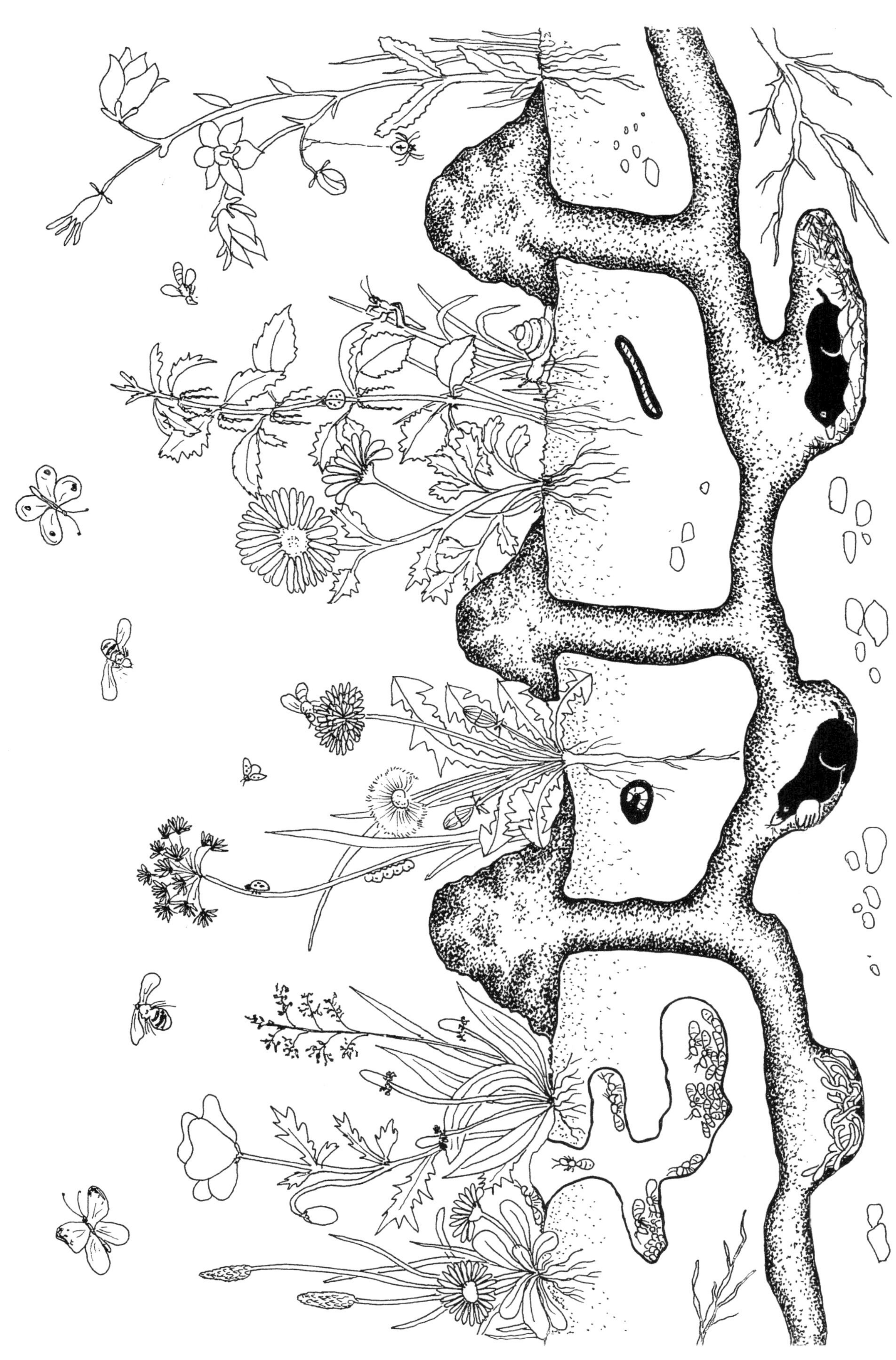

# Der Maulwurf und seine Sinne

**1. Was kann der Maulwurf sehr gut? Kreise ein.**

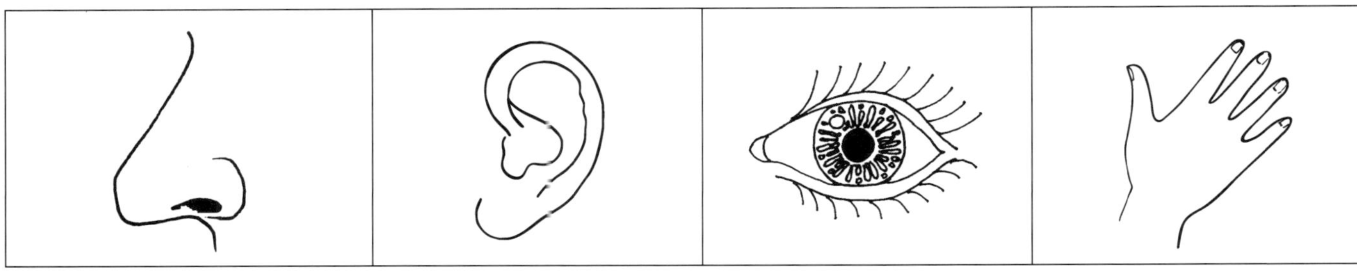

**2. Obwohl der Maulwurf fast blind ist, findet er sich gut zurecht. Welchen Weg muss er nehmen, um rauszukommen? Zeichne ein.**

ISBN 978-3-8346-2979-1 | www.verlagruhr.de

# Die Wiese verändert sich

## Darum geht's

Dass die Wiese nicht immer gleich aussieht, erfahren Ihre Schüler in der folgenden Unterrichtsstunde. Anhand von vier Lesetexten erfahren die Kinder, welche Pflanzen und Tiere in welcher Jahreszeit auf der Wiese zu sehen sind, und gestalten hierzu ein Gemeinschaftsplakat.

Selbstverständlich kann es auch hier wieder nur eine kleine Auswahl an repräsentativen Pflanzen und Tieren geben, um die Kinder nicht mit zu vielen Informationen zu überfordern.

## Kompetenzerwartungen

Die Kinder können beschreiben, wie sich die Wiese im Laufe der Jahreszeiten verändert.

## Materialliste

- Bildvorlagen (S. 36/37)
- Schere
- Arbeitsblätter für **Leser** (S. 38/39)
- Notizzettel für jedes Kind
- Plakatkarton (DIN A2)
- Kleber

## Das bereiten Sie vor

Schneiden Sie die Bilder aus. Vergrößern Sie jedes Bild (S. 36/37) auf DIN A4. Versehen Sie den Tonkarton mit der Überschrift „Die Wiese im Jahreskreis". Fertigen Sie von den Arbeitsblättern (S. 38/39) jeweils eine Kopie an und schneiden Sie diese entlang der gestrichelten Linie in zwei Teile.

## Stundenverlauf

### 1 Einstieg

Nehmen Sie mit den Kindern im Sitzkreis Platz und betrachten Sie gemeinsam die Bildvorlagen zu den einzelnen Jahreszeiten.

Nachdem die Kinder die Bilder miteinander verglichen haben, machen Sie sie darauf aufmerksam, dass auf den Bildern etwas fehlt – und zwar die Wiesenpflanzen und -tiere.

### 2 Arbeitsphase

Teilen Sie die **Leser** in vier möglichst gleich große Gruppen ein. Jede Gruppe erhält ein Arbeitsblatt und drei Notizzettel für jedes Kind. Die Gruppen markieren die im Text genannten Pflanzen und erstellen eine Zeichnung zu jedem Tier.

Lesen Sie den **Nichtlesern** die vier Texte vor. Legen Sie anschließend die einzelnen Gruppen fest (Frühling, Sommer, Herbst, Winter) und nennen Sie den Kindern die Tiere und Pflanzen, die gezeichnet werden sollen.

### 3 Abschluss

Versammeln Sie sich anschließend mit allen Gruppen im Sitzkreis. Die Kinder bringen ihre Zeichnungen mit. Sie benötigen außerdem die Bildvorlagen aus der Einstiegsphase sowie Kleber.

Beginnen Sie mit dem Frühling. Lesen Sie den Text vor. Die Kinder, die sich mit dieser Jahreszeit beschäftigt haben, kleben anschließend ihre Zeichnungen auf die Bildvorlage „Frühling". Verfahren Sie mit den anderen Jahreszeiten auf die gleiche Weise.

Kleben Sie die Bildvorlagen zum Schluss auf den vorbereiteten Plakatkarton.

# Die Wiese im Jahreskreis – Bildvorlagen (1/2)

© Eva Spanjardt

© Eva Spanjardt




ISBN 978-3-8346-2979-1 | www.verlagruhr.de

# Die Wiese im Jahreskreis – Bildvorlagen (2/2)

© Eva Spanjardt

© Eva Spanjardt

# Die Wiese im Frühling

**1. Welche Pflanzen und Tiere sieht man auf der Wiese? Unterstreicht sie mit verschiedenen Farben.**

Im Frühling erwacht die Wiese Die ersten Wiesenpflanzen wachsen. Gänseblümchen leuchten weiß-gelb. Gelber Löwenzahn und lila Veilchen machen die Wiese bunt. Die Ameisen, Spinnen und Marienkäfer erwachen aus ihrem Winterschlaf. Schnecken suchen frische Blätter. Auch die Bienen fliegen nun wieder umher.

**2. Zeichnet die Tiere. Sprecht ab, wer welches Tier malen soll.**

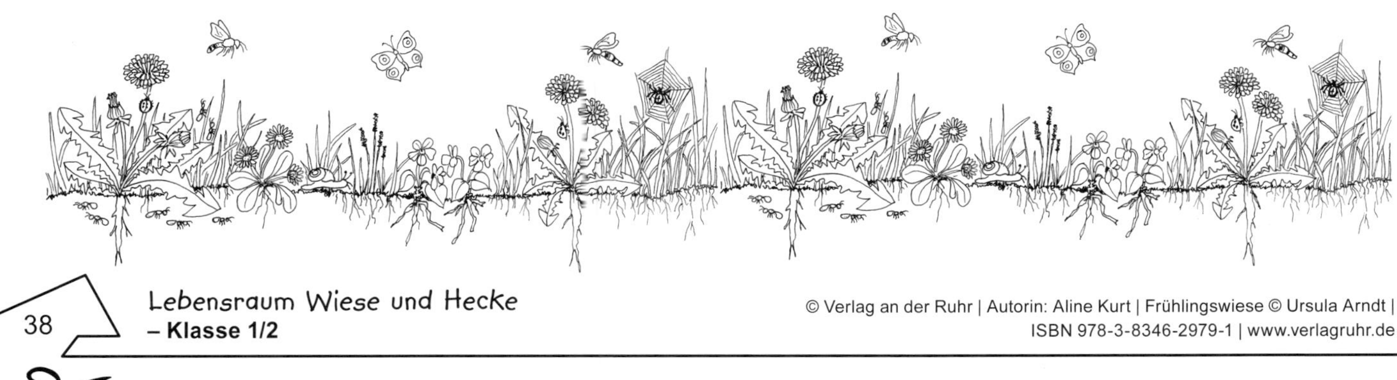




ISBN 978-3-8346-2979-1 | www.verlagruhr.de

# Die Wiese im Sommer

**1. Welche Pflanzen und Tiere sieht man auf der Wiese? Unterstreicht sie mit verschiedenen Farben.**

Im Sommer ist die Wiese voller Leben und Farbe. Die weißen Margeriten leuchten im grünen Gras und Rotklee sorgt für lila Farbtupfer. Die Tiere sind besonders fleißig. Bienen und Hummeln sammeln Nektar. Grashüpfer und Schnecken lassen sich das frische Grün schmecken. Auch Ameisen und Spinnen sind unterwegs.

**2. Zeichnet die Tiere. Sprecht ab, wer welches Tier malen soll.**

ISBN 978-3-8346-2979-1 | www.verlagruhr.de

# Die Wiese im Herbst

**1. Welche Pflanzen und Tiere sieht man auf der Wiese? Unterstreicht sie mit verschiedenen Farben.**

Im Herbst verblühen die letzten Sommerblumen. Aber es gibt noch immer einige Blumen zu sehen: Gänseblümchen leuchten weiß-gelb und der große Wiesenknopf rosa. Springkraut sorgt für gelbe Farbkleckse. Doch die lila Herbstzeitlose zeigt, dass der Winter naht. Sie wächst nur im Herbst. Die Tiere bereiten sich auf den Winter vor. Regenwürmer, Spinnen, Marienkäfer und Bienen schlagen sich noch einmal die Bäuche voll.

**2. Zeichnet die Tiere. Sprecht ab, wer welches Tier malen soll.**

ISBN 978-3-8346-2979-1 | www.verlagruhr.de



# Die Wiese im Winter

**1. Wie sieht das Gras im Winter aus? Unterstreicht im Text.**

Im Winter leuchtet die Wiese nicht mehr bunt. Das Gras ist erfroren. Die Halme liegen flach und braun auf dem Boden. Auch die Tiere sind nicht mehr zu sehen. Der Marienkäfer hat sich tief unter den Blättern versteckt. Dort schläft er bis zum Frühling. Die Ameisen sind im Boden eingegraben. Die Regenwürmer rollen sich tief in der Erde ein. Die Schnecke hat sich in ihr Haus zurückgezogen.

**2. Was machen die Tiere im Winter? Zeichnet. Sprecht ab, wer welches Tier malen soll.**


ISBN 978-3-8346-2979-1 | www.verlagruhr.de

# Auf dem Weg zum Wiesen-Entdecker

### Darum geht's

Was macht man mit seinem Müll, wenn man auf einer Wiese unterwegs ist? Wie sollte man reagieren, wenn man nähere Bekanntschaft mit einem Wiesenbewohner macht? Und wie sollte man sich generell auf einer Wiese verhalten? Finden Sie es gemeinsam mit den Kindern heraus!

### Kompetenzerwartungen

Die Kinder …

- kennen Verhaltensregeln im Umgang mit der Natur.
- erarbeiten einen „Wiesen-Vertrag".
- arbeiten mit der Placemat-Methode.

### Materialliste

- Vorlesetext (S. 41)
- Placemat-Vorlage (S. 42)
- grünes Tonpapier (DIN A3)
- Filzstift

### Das bereiten Sie vor

Kopieren Sie die Placemat-Vorlage (S. 42) für jede 4er-Gruppe einmal.

Sollte die Einteilung in 4er-Gruppen aufgrund der Klassenstärke nicht realisierbar sein, können Sie zusätzlich auch ein bis zwei 3er-Gruppen bilden.

## Stundenverlauf

### 1 Einstieg

Lesen Sie den Kindern die Geschichte von Seite 41 vor. Unter jedem Abschnitt finden sich Frage-Impulse, die Sie gemeinsam mit den Kindern besprechen können.

### 2 Arbeitsphase

Teilen Sie die Kinder in Vierergruppen ein.
Die Gruppen erhalten jeweils eine Placemat-Vorlage.

Jeder **Leser** schreibt in das vor ihm liegende Feld, welche Regeln seiner Meinung nach für den Umgang mit und das Verhalten auf der Wiese gelten sollten.

Die **Nichtleser** zeichnen ihre Ideen in das Feld. Anschließend vergleichen die Kinder ihre Ergebnisse und einigen sich auf gemeinsame Antworten, die sie in das freie Feld in der Mitte schreiben bzw. zeichnen.

### 3 Abschluss

Geben Sie jeder Gruppe Gelegenheit, ihre Ergebnisse im Plenum zu präsentieren. Gestalten Sie abschließend einen Wiesen-Vertrag. Notieren Sie dazu beispielsweise folgende Überschrift auf dem Tonpapier: „So verhalte ich mich auf einer Wiese".

Schreiben Sie die Ideen mit den **Lesern** auf. Finden Sie mit den **Nichtlesern** geeignete Symbole und zeichnen Sie diese. Im Folgenden erhalten Sie dazu einige Vorschläge:

- *Ich werfe keinen Müll auf die Wiese.*
- *Ich gehe vorsichtig.*
- *Ich passe auf, wo ich hintrete.*
- *Ich reiße keine Pflanzen aus.*
- *Ich tue den Tieren nicht weh.*

Lassen Sie den Vertrag anschließend von jedem Kind unterschreiben.

# Auf der Wiese – Vorlesegeschichte

Nach der Schule trifft sich Noah mit seiner Freundin Frieda. Eigentlich wollen die beiden gemeinsam Computer spielen. Doch gerade als sie es sich vor dem Computer bequem machen, kommt Friedas Mutter ins Zimmer. „Das gibt's ja wohl nicht!", meckert sie und schaltet den Computer aus.
Frieda und Noah protestieren lautstark, doch es hilft nichts. „Nichts da! Bei dem schönen Wetter spielt ihr draußen!" Frieda kennt ihre Mutter nur zu gut. Sie weiß, dass es zwecklos ist, sie umstimmen zu wollen.

➧ *Warum sollen Frieda und Noah draußen spielen? Kannst du das verstehen?*

Mit einem lauten Seufzer rafft sich Frieda auf. Rausgehen findet sie total langweilig. Noah hingegen macht es nicht so viel aus. Er ist eigentlich ganz gern draußen. Auch wenn er heute lieber das neue Spiel ausprobiert hätte.

„Lass uns auf die große Wiese hinter der Schule gehen!", fordert er seine Freundin auf. „Und was sollen wir da?", fragt Frieda sichtlich genervt. „Na, spielen!", lacht Noah und zieht seine Freundin nach draußen.

➧ *Wie ist es bei dir, spielst du lieber drinnen oder draußen? Warum?*

Als sie auf der Wiese ankommen, lässt sich Frieda ins Gras fallen. Noah setzt sich neben sie. „Schau mal, hier sind ganz viele Schmetterlinge!", sagt Noah. Frieda zuckt mit den Achseln. Die Schmetterlinge sind ihr herzlich egal. Mit ihren Gedanken ist sie noch immer bei dem neuen Computerspiel, das sie so gern ausprobiert hätte.
Völlig versunken wickelt sie einen der Müsliriegel aus, die ihre Mutter den beiden mitgegeben hat. Achtlos lässt sie das Papier auf den Boden fallen. „Hey!", herrscht Noah sie an. „Du kannst doch nicht einfach deinen Müll hierhin werfen!" „Und wieso nicht?", will Frieda wissen.

➧ *Was könnte Noah Frieda antworten?*

„Weil du der Wiese damit schadest. Sie kann deinen Müll nicht gebrauchen. Oder hast du schon einmal eine Ameise, einen Schmetterling, eine Biene oder ein anderes Tier auf der Wiese gesehen, das sich von Müll ernährt? Also nimm deinen Müll bitte wieder mit!", antwortet Noah.
Von der Seite hat Frieda die Sache mit dem Müll noch nie gesehen. Trotzdem ist sie ein bisschen beleidigt, weil Noah sie so angemeckert hat. „Er tut ja fast so, als wäre er mein Papa", denkt Frieda und staunt nicht schlecht, als sie Noah plötzlich aufgeschreckt um sich schlagen sieht. „Was ist denn mit dir los?", will Frieda wissen.

➧ *Was, glaubst du, ist mit Noah los?*

„Da ist eine Spinne auf meinem Bein!", jammert Noah und trommelt mit seinen Fäusten gegen sein Bein. „Ich glaub's ja nicht! Mir erzählst du etwas über den Umgang mit der Wiese und willst selbst eine wehrlose Spinne erschlagen?!", fragt Frieda fassungslos. Vorsichtig hält sie ihre Hand an Noahs Bein, um die Spinne vor Noah in Sicherheit zu bringen. Als die Spinne auf Friedas Hand geklettert ist, entlässt Frieda sie zurück auf die Wiese.

➧ *Wie hättest du in der Situation reagiert? Wie Frieda oder wie Noah?*

Nach einer Weile schauen sich Noah und Frieda an und lachen laut los. „Ich glaube, wir müssen noch ziemlich viel lernen, wenn wir nächste Woche in der Schule unseren Wiesen-Führerschein machen wollen", lacht Noah und wischt sich die Lachtränen von den Wangen.

# Wie sollte man sich auf einer Wiese verhalten?

ISBN 978-3-8346-2979-1 | www.verlagruhr.de

# Wir entdecken Wiesenpflanzen

### Darum geht's

In dieser Unterrichtsstunde werden Ihre Schüler zu kleinen Entdeckern und erforschen die auf einer Wiese wachsenden Pflanzen. Da die Aufmerksamkeitsspanne der Kinder in den ersten beiden Jahrgangsstufen recht schnell erschöpft ist, konzentrieren sie sich hier lediglich auf die Wiesenpflanzen. Auf den Seiten 48–50 finden Sie Ideen für einen separaten Unterrichtsgang mit dem Schwerpunkt „Wiesentiere".

### Kompetenzerwartungen

Die Kinder …

- erkunden Wiesenpflanzen in freier Natur.
- wählen eine Pflanze aus und gestalten dazu einen Steckbrief.

### Materialliste

- ggf. Wiesen-Vertrag aus vorhergehender Unterrichtsstunde
- Bestimmungsbogen (S. 44/45)
- Arbeitsblatt (S. 46) für **Nichtleser**
- Arbeitsblatt (S. 47) für **Leser**
- Stift und Klemmbrett für jedes Kind
- Stoffbeutel für jedes Kind

### Das bereiten Sie vor

Suchen Sie in der Nähe Ihrer Schule eine geeignete Wiese aus, die möglichst folgende Kriterien erfüllt:

1. Die Wiese sollte möglichst frei von Pestiziden und Pflanzenschutzmitteln sein.
2. Es sollte eine große Auswahl an unterschiedlichen Wiesenpflanzen vorhanden sein.

Kopieren Sie den Bestimmungsbogen (S. 44/45) für jedes Kind.
Fertigen Sie für jeden **Nichtleser** zusätzlich eine Kopie des Arbeitsblattes von Seite 46 an. Für die **Leser** benötigen Sie eine Kopie von Seite 47.

## Stundenverlauf

### 1 Einstieg

Informieren Sie die Kinder über das Vorhaben der heutigen Unterrichtsstunde: einen Unterrichtsgang zu einer nahegelegenen Wiese. Dabei ist es wichtig, dass sich alle an bestimmte Regeln halten, um die Tiere und Pflanzen auf der Wiese nicht zu stören bzw. ihnen nicht zu schaden.
Zeigen Sie den Kindern den Wiesen-Vertrag, den sie in der vorhergehenden Unterrichtsstunde gemeinsam erarbeitet haben, und gehen Sie die Regeln noch einmal durch. Sollten Sie die vorhergehende Stunde nicht durchgeführt haben, legen Sie selbst entsprechende Verhaltensregeln fest.
Bevor Sie sich gemeinsam mit den Kindern auf den Weg zur Wiese machen, erhält jedes Kind einen Bestimmungsbogen (S. 44/45), ein seinem Leseniveau entsprechendes Arbeitsblatt (S. 46/47) sowie ein Klemmbrett.
Die Arbeitsmaterialien verstauen die Kinder zusammen mit ausreichend vielen Stiften in einem Stoffbeutel.

### 2 Arbeitsphase

Sobald die Kinder auf der Wiese angekommen sind, betrachten sie zunächst die zur Auswahl stehenden Pflanzen, wählen ihre Lieblingspflanze aus und erstellen einen Steckbrief dazu. Lesen Sie den **Nichtlesern** die Aufgabenstellung vor.

### 3 Abschluss

Zurück im Klassenzimmer, darf jedes Kind seine Wiesenpflanze im Plenum vorstellen.

# Wiesenpflanzen – Bestimmungsbogen (1/2)

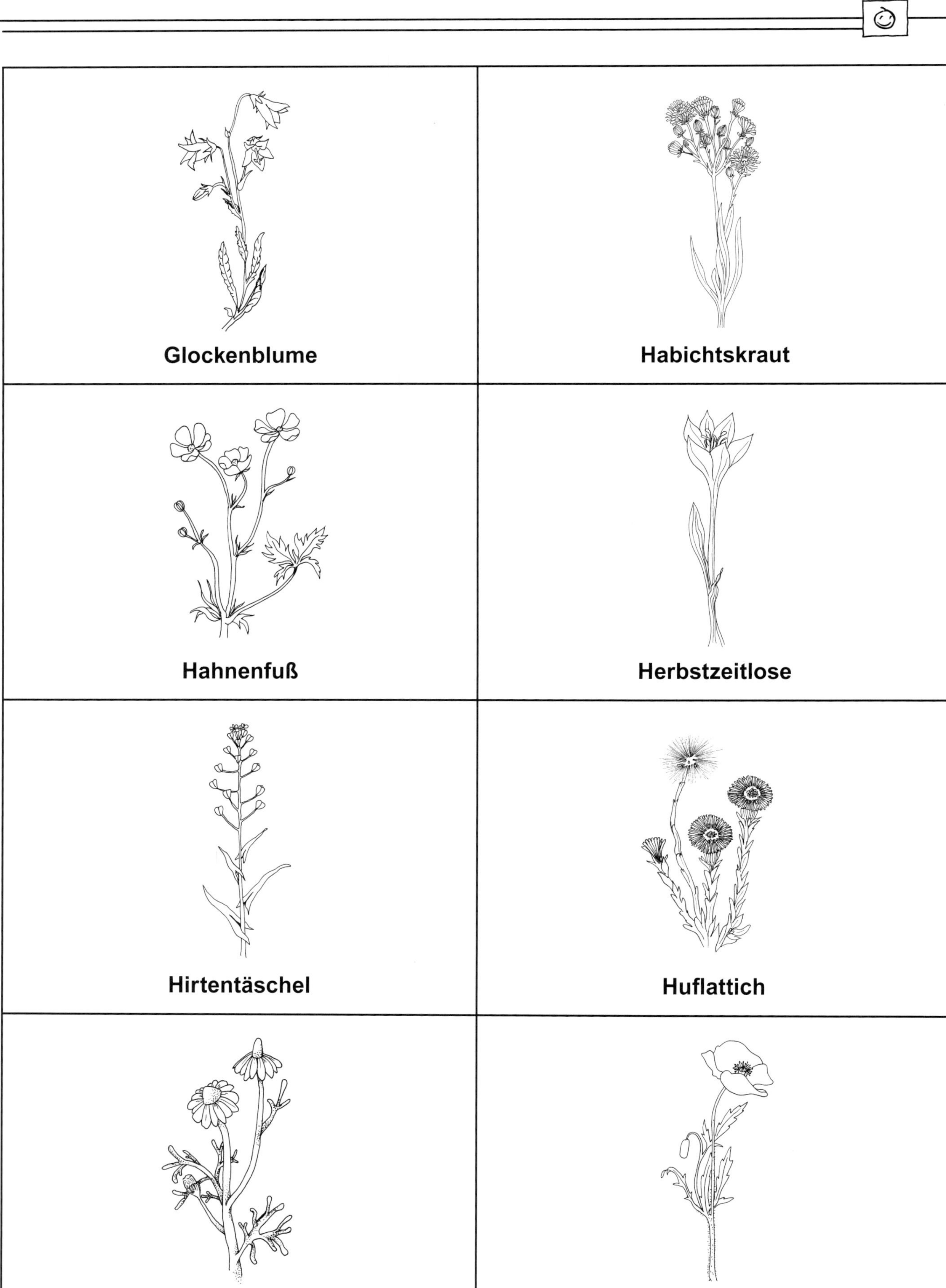





ISBN 978-3-8346-2979-1 | www.verlagruhr.de

# Wiesenpflanzen – Bestimmungsbogen (2/2)

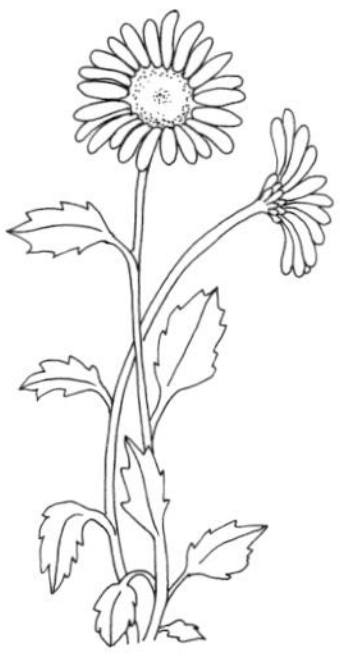

Margerite

Ringelblume

Spitzwegerich

Springkraut

Veilchen

Vergissmeinnicht

Wiesenklee

Wiesenknopf


ISBN 978-3-8346-2979-1 | www.verlagruhr.de

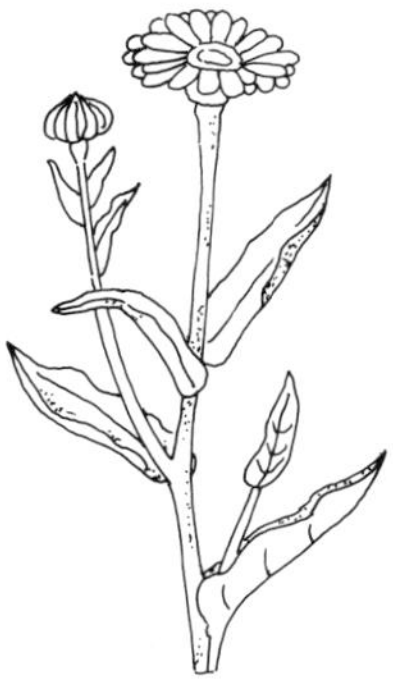

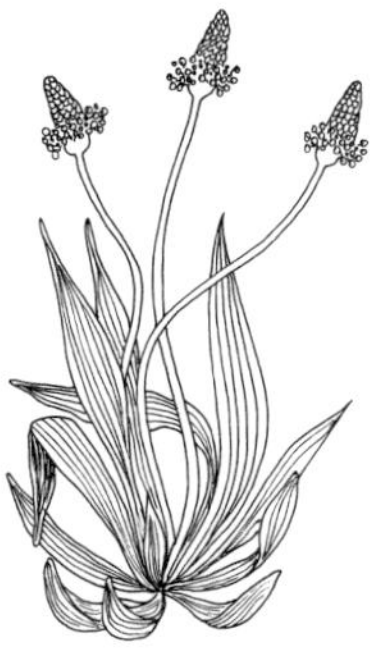

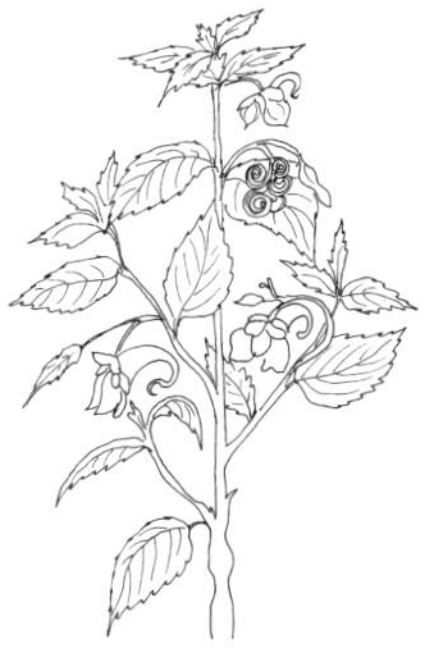

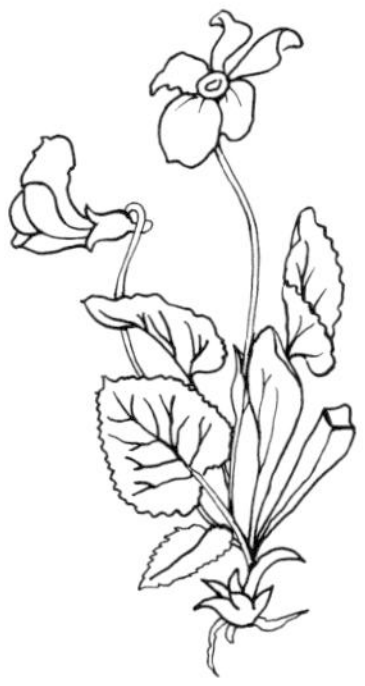

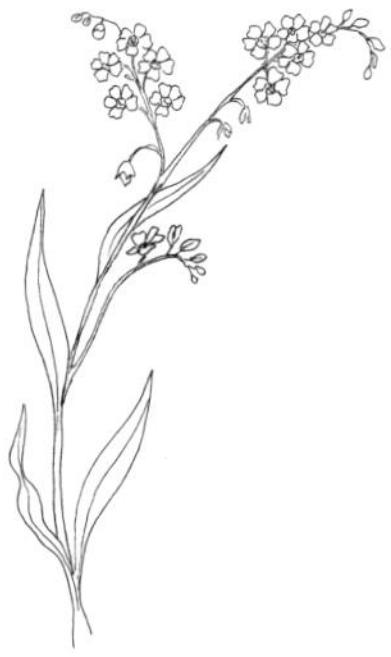

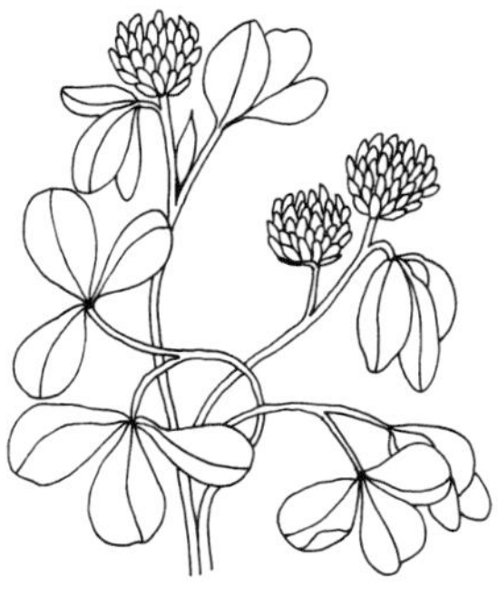

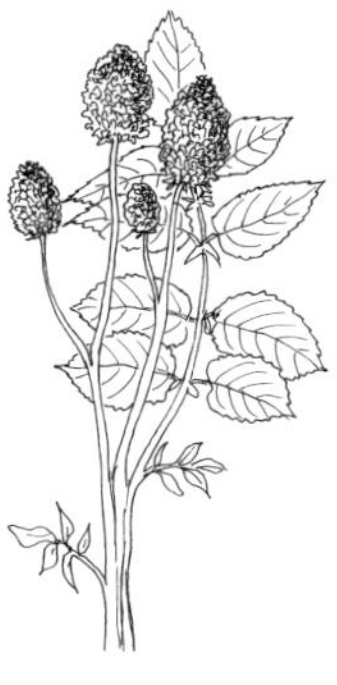

# Wir entdecken Wiesenpflanzen

**1. Suche dir auf der Wiese eine Pflanze aus. Pflücke sie nicht.**

**2. Suche deine Pflanze auf dem Bestimmungsbogen. Schreibe ihren Namen auf.**

Name der Pflanze: ..............................................................................................

**3. Zeichne die Blüte.**

**4. Zeichne den Stängel.**

**5. Zeichne die Blätter.**

ISBN 978-3-8346-2979-1 | www.verlagruhr.de

# Wir entdecken Wiesenpflanzen

**1. Suche dir auf der Wiese eine Pflanze aus. Pflücke sie nicht.**

**2. Schreibe einen Steckbrief zu deiner Pflanze.**

Meine Pflanze heißt:

.............................................................................................................................

So sieht sie aus:

Ihre Blüte ist …

O lila O weiß O gelb O blau O ......................................

So riecht meine Blume: ..............................................................................

Ihre Blätter sind: ......................................................................................

Ihr Stängel ist: ..........................................................................................


ISBN 978-3-8346-2979-1 | www.verlagruhr.de

# Wir entdecken Wiesentiere

## Darum geht's

In dieser Unterrichtsstunde werden Ihre Schüler zu kleinen Entdeckern und erforschen die auf einer Wiese lebenden Tiere.
Da die Aufmerksamkeitsspanne der Kinder in den ersten beiden Jahrgangsstufen recht schnell ausgeschöpft ist, konzentrieren sie sich hier lediglich auf die Wiesentiere.

Auf den Seiten 43–47 finden Sie Ideen für einen separaten Unterrichtsgang mit dem Schwerpunkt „Wiesenpflanzen".

## Kompetenzerwartungen

Die Kinder erkennen Wiesentiere in freier Natur.

## Materialliste

- Arbeitsblatt (S. 49) für **Nichtleser**
- Arbeitsblatt (S. 50) für **Leser**
- ggf. Fotokarten „Feld- und Wiesentiere" (siehe Medientipps auf S. 96)

für jedes Kind:

- Becherlupe
- Klemmbrett
- Stifte
- Stoffbeutel

## Das bereiten Sie vor

Wählen Sie eine Wiese in Schulnähe aus, die nicht gemäht und möglichst unbelastet ist. Naturbelassene Wiesen erkennen Sie an der Artenvielfalt der Pflanzen und Tiere.
Kopieren Sie die Arbeitsblätter entsprechend der Lesekompetenz Ihrer Schüler (S.49/50).

## Stundenverlauf

### 1 Einstieg

Informieren Sie die Kinder über das Vorhaben der heutigen Unterrichtsstunde: einen Unterrichtsgang zu einer nahegelegenen Wiese. Dabei ist es wichtig, dass sich alle an bestimmte Regeln halten, um die Tiere und Pflanzen auf der Wiese nicht zu stören bzw. ihnen nicht zu schaden. Zeigen Sie den Kindern den Wiesen-Vertrag, den sie in der vorletzten Unterrichtsstunde gemeinsam erarbeitet haben, und gehen Sie die Regeln noch einmal durch.
Sollten Sie die vorhergehende Stunde nicht durchgeführt haben, legen Sie selbst entsprechende Verhaltensregeln fest.
Bevor Sie sich gemeinsam mit den Kindern auf den Weg zur Wiese machen, erhält jedes Kind eine Becherlupe, ein seinem Leseniveau entsprechendes Arbeitsblatt (S. 49/50) sowie ein Klemmbrett. Die Arbeitsmaterialien verstauen die Kinder zusammen mit ausreichend vielen Stiften in einem Stoffbeutel.

### 2 Arbeitsphase

Auf der Wiese angekommen, sucht jedes Kind ein Tier. Dieses betrachtet es mit Hilfe der Becherlupe und hält seine Beobachtungen auf dem jeweiligen Arbeitsblatt fest.
Lesen Sie den **Nichtlesern** die Arbeitsaufträge vor.

### 3 Abschluss

Kommen Sie mit den Kindern im Sitzkreis zusammen. Besprechen Sie den Forschungsauftrag anhand der folgenden Fragen:

- *Welches Tier hast du heute auf der Wiese beobachtet?*
- *Wie war das für dich?*
- *Was weißt du über dein Tier?*

# Wir entdecken Wiesentiere

1. **Wähle ein Tier und betrachte es mit der Becherlupe. Tu ihm nicht weh!**
2. **Wie heißt dein Tier?**

..............................................................................................................

3. **Wie viele Beine hat dein Tier? Kreuze an.**

O 0    O 2    O 4    O 6    O 8

4. **Wie bewegt sich dein Tier fort? Kreise ein.**

5. **Zeichne dein Tier.**

6. **Lass dein Tier wieder frei.**

# Wir entdecken Wiesentiere

1. Wähle ein Tier und betrachte es mit der Becherlupe.
   Tu ihm nicht weh!
2. Wie heißt dein Tier?

   ..........................................................................

3. Welche Farbe hat es?

   ..........................................................................

4. Wie viele Beine hat dein Tier?

   ..........................................................................

5. Wie bewegt es sich fort?

   ..........................................................................

6. Wo genau hast du dein Tier gefunden?

   ..........................................................................

7. Zeichne dein Tier.

8. Lass dein Tier wieder frei.



ISBN 978-3-8346-2979-1 | www.verlagruhr.de

# Lebensraum Hecke

# Alle Unterrichtsstunden auf einen Blick

| Übergeordnetes Stundenthema | Inhalt |
|---|---|
| **Die Stockwerke der Hecke**<br>(S. 53–55) | Die Kinder lernen die einzelnen Vegetationsschichten der Hecke kennen. |
| **Was blüht denn da?**<br>(S. 56–59) | In dieser Stunde setzen sich die Kinder mit exemplarischen Heckensträuchern auseinander. |
| **Was sind Heckenfrüchte?**<br>(S. 60–62) | Die Kinder untersuchen ausgewählte Heckenfrüchte. |
| **Heckensträucher im Jahreskreis**<br>(S. 63–65) | Die Kinder erfahren, dass das äußere Erscheinungsbild der Hecke dem jahreszeitlichen Wandel unterworfen ist. |
| **Woraus besteht der Heckenboden?**<br>(S. 66–70) | Wie fühlt sich der Heckenboden an und woraus besteht er? Diesen Fragen gehen die Kinder während eines Unterrichtsganges auf den Grund. |
| **Wer wohnt in der Bodenschicht?**<br>(S. 71–73) | Die Bodenschicht der Hecke bietet für zahlreiche Tiere optimale Lebensbedingungen. Um welche Tiere es sich dabei handelt, erfahren die Kinder in dieser Unterrichtsstunde. |
| **Wer wohnt in der Krautschicht?**<br>(S. 74/75) | In dieser Unterrichtsstunde lernen die Kinder den Schmetterling als exemplarischen Bewohner der Krautschicht kennen. |
| **Ein Schmetterling wächst heran**<br>(S. 76–80) | Die Kinder beschäftigen sich mit dem Entwicklungszyklus eines Schmetterlings. |
| **Wer wohnt in der Strauch- und Baumschicht?**<br>(S. 81–85) | Mit Hilfe einer außergewöhnlichen Methode zur Bildbetrachtung lernen die Kinder ausgewählte heimische Singvögel als exemplarische Bewohner der Strauch- und Baumschicht kennen. |
| **Hecken-Entdecker**<br>(S. 86–94) | Zum Abschluss der Unterrichtseinheit werden die Kinder selbst zu kleinen Heckenforschern und präsentieren ihre Ergebnisse in einem Hecken-Lapbook. |

# Die Stockwerke der Hecke

## Darum geht's

Eine Hecke besteht aus unterschiedlichen Vegetationsschichten, die sich in vier Stockwerke einteilen lassen. Mit dieser Tatsache setzen sich die Kinder in der folgenden Stunde auseinander.

## Kompetenzerwartungen

Die Kinder …

- wissen, dass eine Hecke aus vier Stockwerken (Vegetationsschichten) besteht.
- können die Stockwerke (Vegetationsschichten) der Hecke benennen.

## Materialliste

- Folienkopie des Puzzles (S. 55)
- Tageslichtprojektor

für jedes Kind:

- Infotext (S. 54)
- Puzzle (S. 55)
- Schere
- Kleber
- Blatt Papier (DIN A4)

## Das bereiten Sie vor

Kopieren Sie das Puzzle (S. 55) für jedes Kind. Fertigen Sie außerdem eine Folienkopie des Puzzles an und schneiden Sie die Puzzleteile auseinander.

## Stundenverlauf

### 1 Einstieg

Bilden Sie mit den Kindern einen Sitzkreis. Reihum darf nun jedes Kind erzählen, was es über das Thema „Hecke" weiß. Verwenden Sie die folgenden Frage-Impulse als Hilfestellung:

- *Was ist eigentlich eine Hecke?*
- *Wo findet man Hecken?*
- *Habt ihr eine Hecke im Garten?*
- *Was weißt du darüber?*

Teilen Sie den **Lesern** den Infotext (S. 54) aus und lesen Sie diesen gemeinsam im Sitzkreis. Lesen Sie den **Nichtlesern** den Text vor und verwenden Sie die hier abgebildeten Illustrationen zur Veranschaulichung.

Besprechen Sie anschließend den Text mit allen Kindern.

- *Warum kann man die Hecke mit einem Haus vergleichen?*
- *Wie viele Stockwerke hat die Hecke?*
  *Wie heißen sie?*

### 2 Arbeitsphase

Zurück am Arbeitsplatz, erhalten die Kinder eine Kopie des Puzzles von Seite 55. Sie schneiden die Puzzleteile auseinander, bringen sie in die richtige Reihenfolge und kleben sie – nach gemeinsamer Kontrolle am Tageslichtprojektor – auf ein Blatt Papier.

### 3 Abschluss

Abschließend malen die Kinder das Puzzle aus und zeichnen in jedes Kästchen ein zur Vegetationsschicht passendes Bild, z. B. Pilze (Bodenschicht), Gräser und Blumen (Krautschicht), Sträucher (Strauchschicht), Bäume (Baumschicht).

# Die Hecke und ihre Stockwerke – Infotext

© Jens Müller

Natürlich sieht jede Hecke anders aus.
Doch alle Hecken haben eine Gemeinsamkeit:
Sie ähneln einem Haus. Vielleicht wunderst du dich jetzt:
Was soll denn eine Hecke mit einem Haus gemeinsam haben?
Ein Haus besteht aus verschiedenen **Stockwerken**.
Es gibt einen Keller, ein Erdgeschoss, einen ersten Stock und ein Dachgeschoss. All diese Stockwerke gibt es auch in der Hecke. Sie heißen nur etwas anders.

Den **Keller** der Hecke nennt man **Bodenschicht**. Sie ist direkt auf dem Boden. Hier wachsen Pilze und Moos.

© Ursula Arndt

© Ursula Arndt

Das **Erdgeschoss** der Hecke heißt **Krautschicht**, weil hier Gräser und Blumen wachsen.

In der Hecke gibt es auch einen **ersten Stock**. Er heißt **Strauchschicht**. Bestimmt weißt du schon, was in diesem Stockwerk wächst? Genau, Sträucher!

© Eva Spanjardt

© Eva Spanjardt

Das **Dach** der Hecke heißt **Baumschicht**. Hier wachsen Bäume.



ISBN 978-3-8346-2979-1 | www.verlagruhr.de

# Die Hecke und ihre Stockwerke – Puzzle

**1. Schneide die Puzzleteile aus. Setze sie richtig zusammen.**

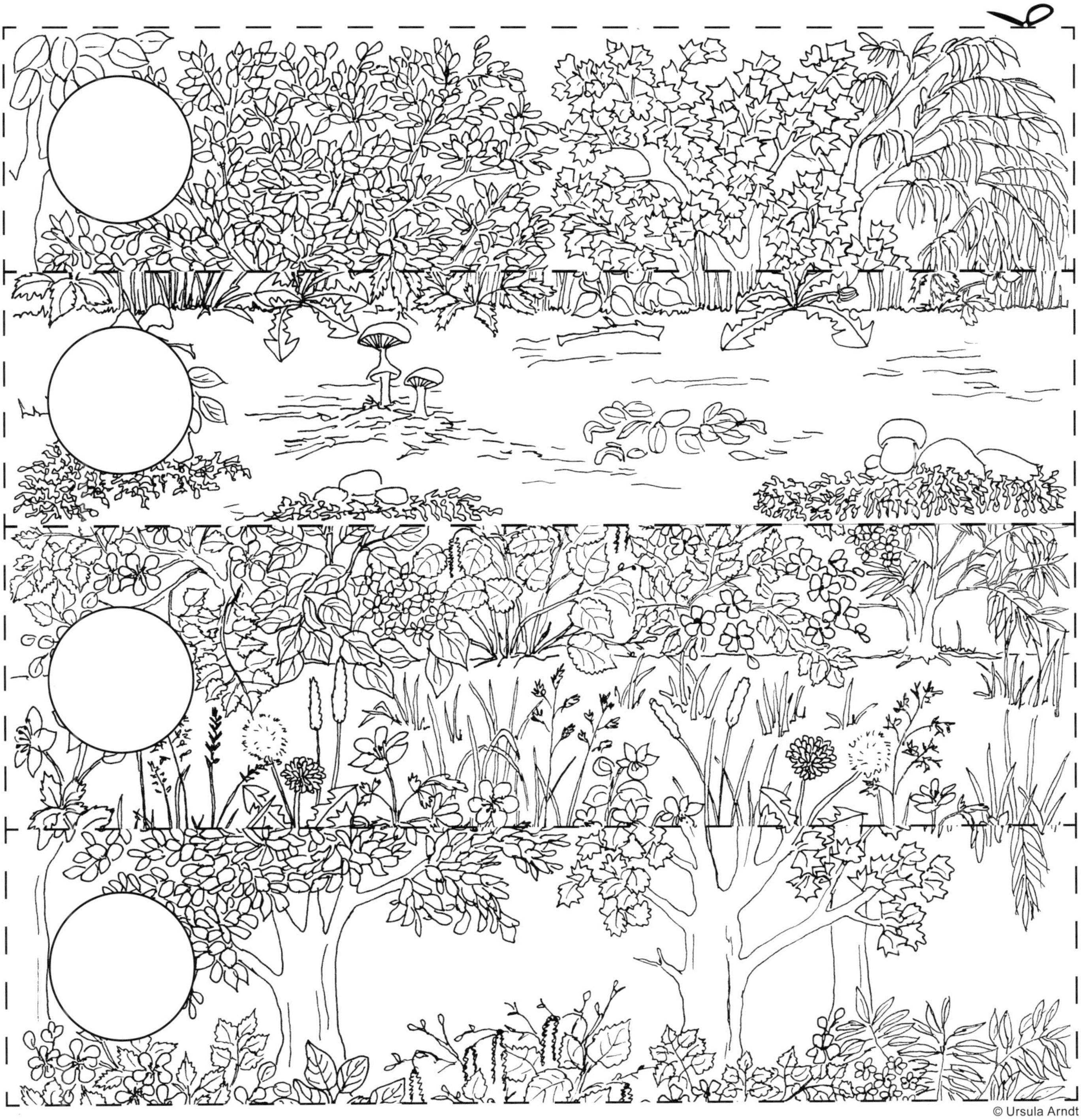

**2. Male das Puzzle aus.**

**3. Zeichne ein passendes Bild in jeden Kreis.**


ISBN 978-3-8346-2979-1 | www.verlagruhr.de

# Was blüht denn da?

## Darum geht's

In dieser Unterrichtsstunde holen Sie verschiedene Heckensträucher ins Klassenzimmer und lassen diese von den Kindern ausgiebig untersuchen.

## Kompetenzerwartungen

Die Kinder kennen ausgewählte Heckensträucher und können diese beschreiben.

## Materialliste

- je 1 Ast folgender Sträucher: Heckenrose, Haselnuss, Brombeere, Holunder
- 4 Vasen
- 4 Notizzettel
- Kopie des Posters (S. 57)
- Heftstreifen
- Forscherbogen (S. 59) für jedes Kind

## Das bereiten Sie vor

Suchen Sie anhand der Bildvorlagen (S. 58) die Sträucher in einer Hecke heraus. Schneiden Sie jeweils einen dünnen Ast ab und stellen Sie ihn in eine mit Wasser gefüllte Vase.
Arrangieren Sie die Tische zu vier Gruppentischen und stellen Sie auf jeden Tisch eine Vase. Versehen Sie jede Vase mit einem Notizzettel, auf dem Sie den Namen der jeweiligen Pflanze notieren (1. Holunder, 2. Haselnuss, 3. Heckenrose, 4. Brombeere). Kopieren Sie den Forscherbogen (S. 59) für jedes Kind.
Fertigen Sie außerdem eine Kopie des Posters von Seite 57 an und befestigen Sie diese an der Klassenzimmertür.

## Stundenverlauf

### 1 Einstieg

Erwarten Sie Ihre Schüler vor dem Klassenzimmer. Geben Sie den Kindern Gelegenheit, den Text auf dem Poster zu lesen, bevor sie den Klassenraum betreten. Lesen Sie den Nichtlesern den Text vor.

Besprechen Sie die Einladung anhand der folgenden Fragen:

- *Was denkst du über Sträucher?*
- *Trifft das, was auf dem Poster steht, auch auf dich zu?*

### 2 Arbeitsphase

Führen Sie die Kinder in das Klassenzimmer. Nachdem die Kinder sich zunächst in Ruhe alle vier Sträucher bzw. Äste angeschaut haben, teilen Sie sie in vier möglichst gleich große Gruppen ein und weisen Sie jeder Gruppe einen Tisch zu. Händigen Sie jedem Kind ein Arbeitsblatt aus.
Die Kinder betrachten den Ast auf ihrem Gruppentisch zunächst aufmerksam, bevor sie ihre Beobachtungen in das zugehörige Tabellenfeld eintragen. Sie können dabei frei wählen, ob Ihre Schüler die Aufgabe schriftlich (Leser) oder gestalterisch (Nichtleser) lösen sollen. Sobald ein Kind eine Zeile ausgefüllt hat, kann es zum nächsten Gruppentisch wechseln.
Verfahren Sie auf diese Weise, bis alle Felder in der Tabelle gefüllt sind.

### 3 Abschluss

Bitten Sie die Kinder, ihre Arbeitsergebnisse innerhalb der Gruppe zu vergleichen. Verweisen Sie abschließend noch einmal auf das Poster aus der Einstiegsphase und fragen Sie Ihre Schüler, wie sie nun über Sträucher denken.

# Einladung!

Du denkst:

Sträucher sind langweilig?

Sie sehen alle gleich aus?

Finde es heraus:
**Werde Strauch-Forscher!**

**Wann?** Jetzt!

**Wo?** Im Klassenzimmer.


ISBN 978-3-8346-2979-1 | www.verlagruhr.de

# Heckensträucher – Bildvorlagen

ISBN 978-3-8346-2979-1 | www.verlagruhr.de

# Ich werde Strauch-Forscher – Forscherbogen

**1. Schau dir die Pflanzen ganz genau an. Wie sehen sie aus?**

**2. Schreibe oder zeichne in die Tabelle.**

| Strauch | 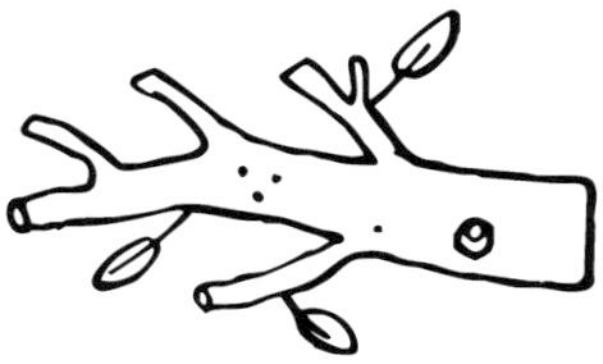 | 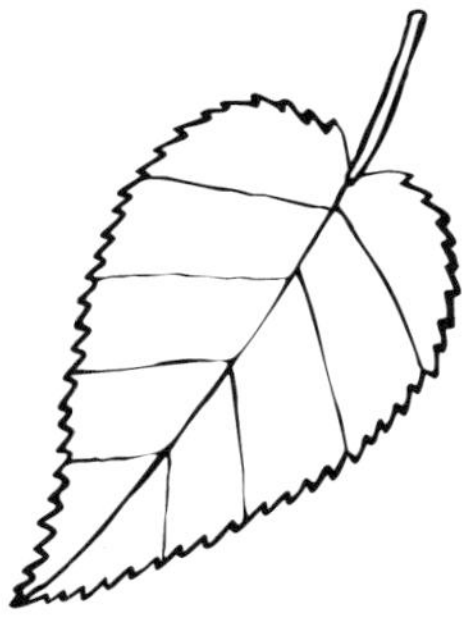 |  |
|---|---|---|---|
| 1. Holunder | | | |
| 2. Haselnuss | | | |
| 3. Heckenrose | | | |
| 4. Brombeere | | | |


ISBN 978-3-8346-2979-1 | www.verlagruhr.de

# Was sind Heckenfrüchte?

## Darum geht's

In dieser Unterrichtsstunde werden Ihre Schüler zu kleinen Heckenfrüchte-Forschern. Zu Beginn der Stunde bestimmen sie die Früchte mit Hilfe der Talking-Chips-Methode, bevor sie die Früchte anschließend in Kleingruppen unter die Lupe nehmen.

### Kompetenzerwartungen

Die Kinder kennen ausgewählte Heckenfrüchte und können sie beschreiben.

### Materialliste

für jede Gruppe:

- Zeitungspapier
- Talking-Chips-Vorlage (S. 61)
- Schälchen mit Brombeeren, Vogelbeeren, Hagebutten und Schlehen
- Schneidebrett und Messer
- Lupe

für jedes Kind:

- Schere
- Einweghandschuhe und Schürzen
- Forscherbogen (S. 62)

### Das bereiten Sie vor

Legen Sie für jede Vierergruppe jeweils eine Frucht von jeder Sorte in das Schälchen. Kopieren Sie die Talking-Chips-Vorlage (S. 61) für jede Gruppe. Für jedes Kind benötigen Sie eine Kopie des Arbeitsblattes (S. 62).

## Stundenverlauf

### 1 Einstieg

Teilen Sie die Kinder in Vierergruppen ein. Alternativ können Sie auch eine Dreiergruppe bilden. Mit Hilfe von Zeitungspapier decken nun alle Gruppen ihre Tische ab, bevor Sie ihnen jeweils ein mit Heckenfrüchten gefülltes Schälchen zusammen mit den Talking Chips und ausreichend Scheren austeilen. Jedes Gruppenmitglied schneidet vier Talking Chips mit dem gleichen Motiv aus. Anschließend tauschen sich alle Kinder mittels der Talking-Chips-Methode über die folgenden Fragen aus:

- Wie sehen die Früchte aus?
- Wie heißen die Früchte?
- Wo wachsen diese Früchte in der Hecke?

Im Uhrzeigersinn tauschen sich die Kinder über die oben genannten Fragen aus. Das kleinste Kind beginnt. Es legt einen seiner Talking Chips in die Mitte und nennt eine mögliche Antwort oder Idee. Die anderen Kinder äußern sich nun nacheinander zu der Frage. Dabei können sie auch Bezug auf die Ideen der anderen nehmen. Sprechen darf jedoch nur, wer seinen Talking Chip in die Mitte gelegt hat.
Sobald alle Talking Chips in der Mitte liegen, werden sie wieder an die Besitzer ausgehändigt. Die Kinder tauschen sich nun auf die oben beschriebene Weise über die zweite Frage aus.
Notieren Sie die Fragen gut lesbar an der Tafel. Damit Sie den **Nichtlesern** die Fragen nicht stets wiederholen müssen, können Sie sich auch auf die erste Frage beschränken.

### 2 Arbeitsphase

Teilen Sie jeder Gruppe ein Messer und ein Schneidebrett sowie vier Paar Einweghandschuhe aus. Händigen Sie jedem Kind eine Arbeitsblattkopie (S. 63) aus. Lesen Sie den **Nichtlesern** die Aufgabenstellung vor.

### 3 Abschluss

Kommen Sie mit Ihren Schülern im Sitzkreis zusammen und tauschen Sie sich mit Hilfe der Talking-Chips-Methode über folgende Fragen aus:

- *Was hast du heute über Heckenfrüchte erfahren?*
- *Kannst du die untersuchten Früchte essen? (Brombeeren können roh verzehrt werden, die anderen Früchte müssen vorher gekocht werden. Schlehen benötigen zudem den ersten Frost.)*

# Talking Chips

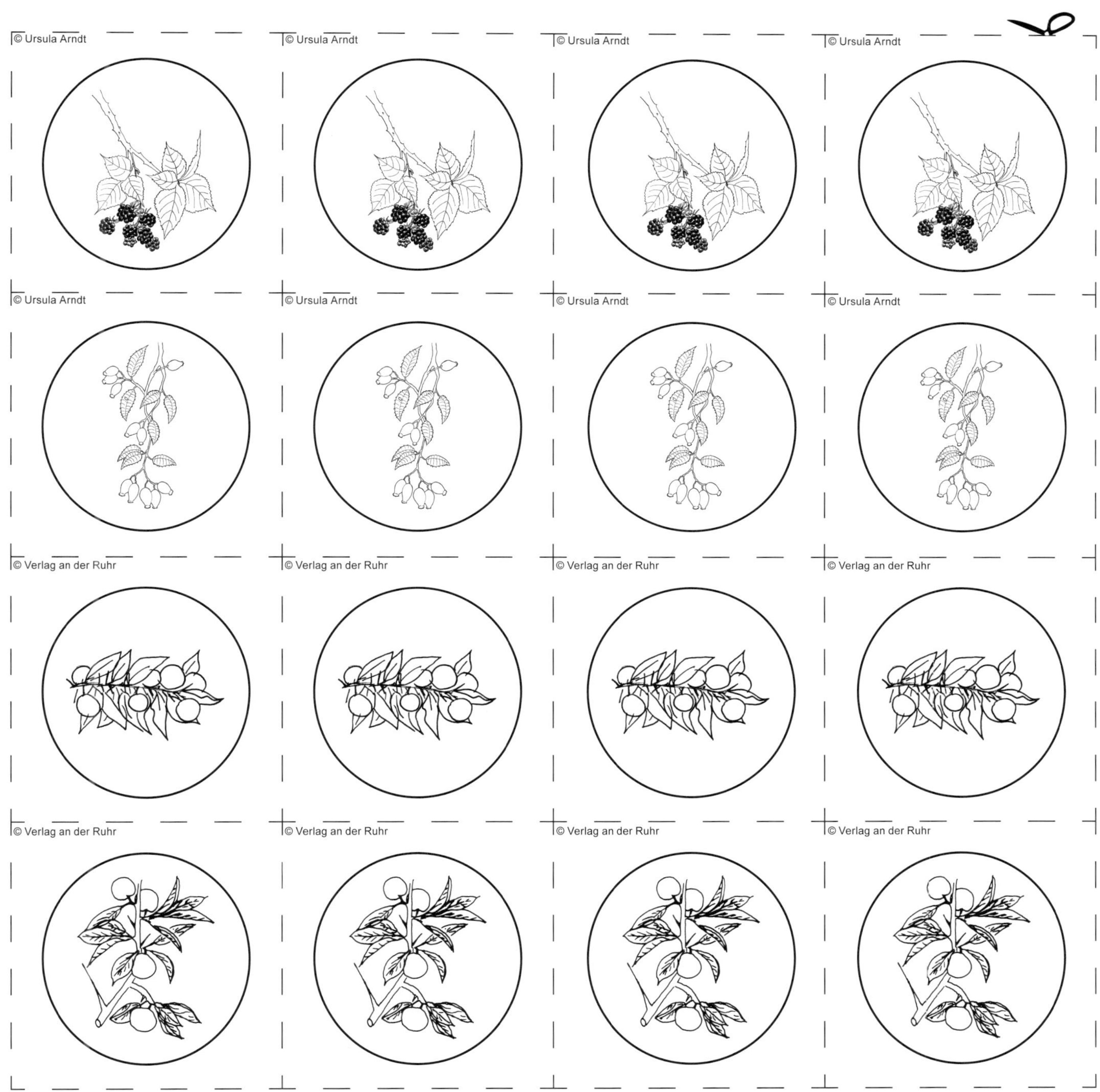

# Ich erforsche die Heckenfrüchte

1. **Zerschneide die Früchte in der Mitte.**
   **Zeichne, was du siehst.**
2. **Zerkleinere die Früchte und betrachte sie mit der Lupe.**
   **Zeichne, was du siehst.**

| | © Ursula Arndt | © Verlag an der Ruhr | © Ursula Arndt | © Verlag an der Ruhr |
|---|---|---|---|---|
| **1.** | | | | |
| **2.** | | | | |

© Anja Boretzki

3. **Vergleiche deine Ergebnisse mit deiner Gruppe.**



ISBN 978-3-8346-2979-1 | www.verlagruhr.de

# Heckensträucher im Jahreskreis

## Darum geht's

Der immer wiederkehrende Verlauf der Jahreszeiten macht auch vor dem Lebensraum Hecke nicht Halt. In dieser Stunde erfahren die Kinder, wie sich die Sträucher mit dem Jahreskreis verändern.

## Kompetenzerwartungen

Die Kinder …

- wissen, dass die Hecke sich im Jahresverlauf verändert.
- können anhand verschiedener Merkmale beschreiben, wie sich die Hecke verändert.

## Materialliste

- Vorlesetext „Rückengeschichte" (S. 64)

für jedes Kind:

- Arbeitsblatt (S. 65)
- Schere
- Kleber
- Blatt Papier/Heft

## Das bereiten Sie vor

Kopieren Sie das Arbeitsblatt (S. 65) für jedes Kind.

## Stundenverlauf

### 1 Einstieg

Steigen Sie mit Hilfe einer Rückengeschichte in das Thema ein. Bitten Sie die Kinder, sich einen Partner zu suchen. Da bei dieser Methode Körperkontakt erfolgt, sollten Sie den Kindern hierbei freie Wahl lassen. Sobald alle Kinder einen Partner gefunden haben, stellt jedes Paar seine Stühle hintereinander auf. Die Lehne des vorderen Stuhls zeigt dabei zur Tafel.

Lesen Sie den Kindern nun die Rückengeschichte von Seite 64 vor. Machen Sie nach jedem Abschnitt eine kleine Pause und zeichnen Sie eine Skizze an die Tafel. Entsprechende Vorschläge finden Sie direkt im Text. Die Kinder auf den hinteren Stühlen zeichnen die Skizze mit dem Finger auf den Rücken ihres Partners. Dieser hat die Augen geschlossen.

### 2 Arbeitsphase

Besprechen Sie die Rückengeschichte anhand der folgenden Fragen:

- *Woran erkennst du den Frühling in der Hecke?*
- *Wie sieht die Hecke im Sommer aus?*
- *Wie helfen die Bienen und Hummeln der Hecke?*
- *Was bekommen die Bienen und Hummeln von der Hecke?*
- *Wie kann der Blütenstaub noch zu anderen Blüten gelangen?*
- *Woran erkennst du, dass Herbst ist?*
- *Wie sieht die Hecke im Winter aus?*

### 3 Abschluss

Teilen Sie den Kindern das Arbeitsblatt sowie Schere und Kleber aus. Lesen Sie den **Nichtlesern** die Aufgabenstellung vor. Bitten Sie die **Leser**, den jahreszeitlichen Ablauf zu jedem Bild zu notieren. Dazu kleben sie die Bilder linksbündig untereinander in ihr Heft und schreiben die Merkmale neben jedes Bild.

# Komm mit in die Hecke – Rückengeschichte

In jeder Hecke gibt es viel zu entdecken. Aber das weißt du ja. Schließlich bist du ein Hecken-Experte. *(Zeichnen Sie ein lachendes Gesicht an die Tafel.)*

Die Hecke sieht zu jeder Jahreszeit anders aus. Im Frühling hat die Sonne endlich wieder mehr Kraft. Es wird wärmer.
*(Zeichnen Sie eine Sonne.)*

Auch die Sträucher spüren die warmen Strahlen der Frühlingssonne. Aus ihren Ästen sprießen kleine grüne Knubbel. Man nennt sie Knospen.
*(Skizzieren Sie einen Ast mit einigen Knospen.)*

Der erste Frühlingsregen versorgt die Sträucher der Hecke mit wertvollem Wasser.
*(Zeichnen Sie einen Wassertropfen.)*

Bald schon wachsen Blätter an den Ästen.
*(Zeichnen Sie ein Blatt.)*

Nun kommt der Sommer. Die Sonne hat nun viel mehr Kraft als noch im Frühling.
*(Zeichnen Sie eine Sonne.)*

Die Sträucher blühen in ihren schönsten Farben.
*(Zeichnen Sie eine Blüte.)*

Bienen und Hummeln fliegen von Blüte zu Blüte.
*(Skizzieren Sie eine Biene oder Hummel mit einem runden Pfeil, damit den Kindern die Dynamik deutlich wird.)*

Während sie den süßen Pflanzensaft, den man Nektar nennt, aus der Blüte sammeln, bleibt ein bisschen Blütenstaub an ihren Beinen hängen.
*(Malen Sie einige Punkte.)*

Die Bienen und Hummeln fliegen zur nächsten Blüte. Dabei gelangt etwas Blütenstaub in die andere Blüte.
*(Zeichnen Sie eine Blüte mit einigen Punkten.)*

Auch der Wind sorgt dafür, dass der Blütenstaub von einer zur anderen Blüte gelangt.
*(Schreiben Sie den Buchstaben „l“ mehrere Male in Schreibschrift hintereinander.)*

*(Fordern Sie die Kinder auf, die Plätze zu tauschen. Die vorherigen Zeichner stellen nun ihren Rücken als Leinwand zur Verfügung und schließen die Augen.)*

Langsam wird es wieder kühler. Die Sonne verliert an Kraft. Doch immer noch geschehen kleine Wunder in der Hecke.

Erinnerst du dich noch an die Blüten, die etwas fremden Blütenstaub abbekommen haben?
*(Zeichnen Sie ein Fragezeichen.)*

Aus ihnen wächst nun eine Frucht heran. Am Holunderstrauch wachsen kleine, schwarze Holunderbeeren. *(Zeichnen Sie kleine Kugeln.)*

Am Himbeerstrauch entstehen leuchtend rosa Himbeeren.
*(Skizzieren Sie eine Himbeere.)*

An der Heckenrose wachsen Hagebutten.
*(Skizzieren Sie eine Hagebutte.)*

Nun neigt sich der Herbst dem Ende zu. Die Hecken tragen keine Früchte mehr. Sie wurden von Vögeln, anderen Tieren und Menschen verspeist. Bevor der Winter kommt, trennen sich die meisten Sträucher von ihren Blättern. Sie werfen sie ab.
*(Zeichnen Sie ein Blatt.)*

Die Tage werden kürzer und immer kälter. Bald schon kommt der erste Frost. Es ist Winter. Die Sträucher der Hecke sind nun völlig kahl. Von den Früchten und Blättern ist nichts mehr zu sehen.
*(Zeichnen Sie einen kahlen Ast.)*

Doch der nächste Frühling kommt bestimmt. Dann beginnt der wundervolle Kreislauf erneut.
*(Zeichnen Sie einen Kreis.)*

# Die Hecke im Jahreskreis

**Schneide die Bilder aus. Bringe sie in die richtige Reihenfolge.**

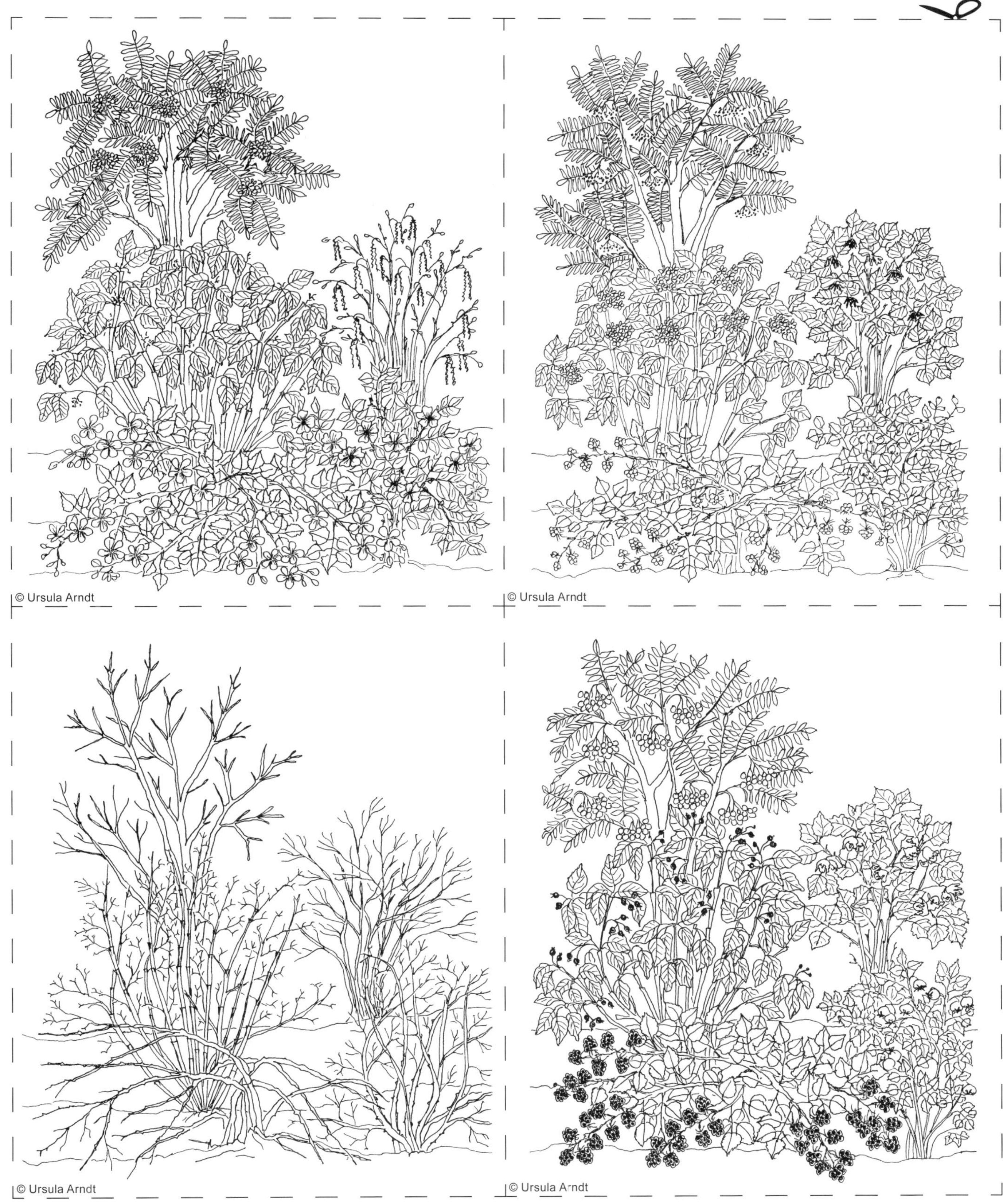



ISBN 978-3-8346-2979-1 | www.verlagruhr.de

# Woraus besteht der Heckenboden?

**Darum geht's**

Um den Heckenboden etwas genauer in Augenschein zu nehmen, empfiehlt sich ein Unterrichtsgang. Die Kinder untersuchen, woraus der Heckenboden besteht, und halten ihre Ergebnisse auf einem Forscherbogen fest.

## Kompetenzerwartungen

Die Kinder …

- wissen, woraus der Heckenboden besteht.
- führen ein Experiment durch.

## Materialliste

- laminierte Symbolkarten (S. 67)
- Schere

für jedes Kind:

- Wäscheklammer
- Forscherbogen (S. 68) für **Nichtleser**
- Forscherbogen (S. 69) für **Leser**
- Anleitung für das Experiment (S. 70)
- Klemmbrett
- Stift

für jede Gruppe:

- Stoffbeutel
- großes Glas mit Schraubverschluss
- Wasserflasche (0,5 Liter, ohne Kohlensäure)
- Gartenschaufel

## Das bereiten Sie vor

Wählen Sie vorab eine geeignete Hecke aus, die sich idealerweise in Schulnähe befindet. Da die Kinder den Heckenboden intensiv erkunden, ist es ratsam, einen Standort auszuwählen, der nicht unbedingt als Hundetoilette dient.

Die Symbolkarten auf S. 67 benötigen Sie für die Arbeitsphase. Kopieren und laminieren Sie die Seite. Schneiden Sie so viele Symbole aus, wie sie für vier möglichst gleich große Gruppen benötigen. Auf den Seiten 68/69 finden Sie den Forscherbogen in differenzierter Form. Kopieren Sie Seite 68 für die **Nichtleser**. Fertigen Sie für die **Leser** eine Kopie von Seite 69 an. Kopieren Sie die Anleitung für das Experiment für alle Schüler. Stellen Sie für jede Gruppe die Forschungsutensilien zusammen und verstauen Sie diese in einem Stoffbeutel.

## Stundenverlauf

### 1 Einstieg

Informieren Sie die Kinder über das Vorhaben der heutigen Unterrichtsstunde: einen Unterrichtsgang zu einer nahegelegenen Hecke. Besprechen Sie mit den Kindern grundlegende Verhaltensregeln im Umgang mit der Natur (keine Pflanzen oder Tiere verletzen, vorsichtig arbeiten …).

### 2 Arbeitsphase

An der Hecke angekommen, teilen Sie die Kinder in vier gleich große Gruppen ein. Händigen Sie dazu jedem Kind eine Symbolkarte aus, die es mit einer Wäscheklammer an der Kleidung befestigt. Darüber hinaus erhält jedes Kind ein Klemmbrett, einen Stift, die Anleitung für das Experiment (S. 70) sowie einen seiner Lesekompetenz entsprechenden Forscherbogen (S. 68/69). Die Kinder bearbeiten diesen in Einzelarbeit. Anschließend suchen sie ihre Gruppenmitglieder, die sie an den gleichen Symbolkarten erkennen, und führen gemeinsam das Experiment durch. Denken Sie daran, den **Nichtlesern** die Aufgabenstellung zu erläutern.

### 3 Abschluss

Besprechen Sie die Ergebnisse im Plenum und geben Sie den Kindern Gelegenheit, sich über ihre Lernerfahrungen auszutauschen.

# Einteilungskarten für die Gruppenarbeit

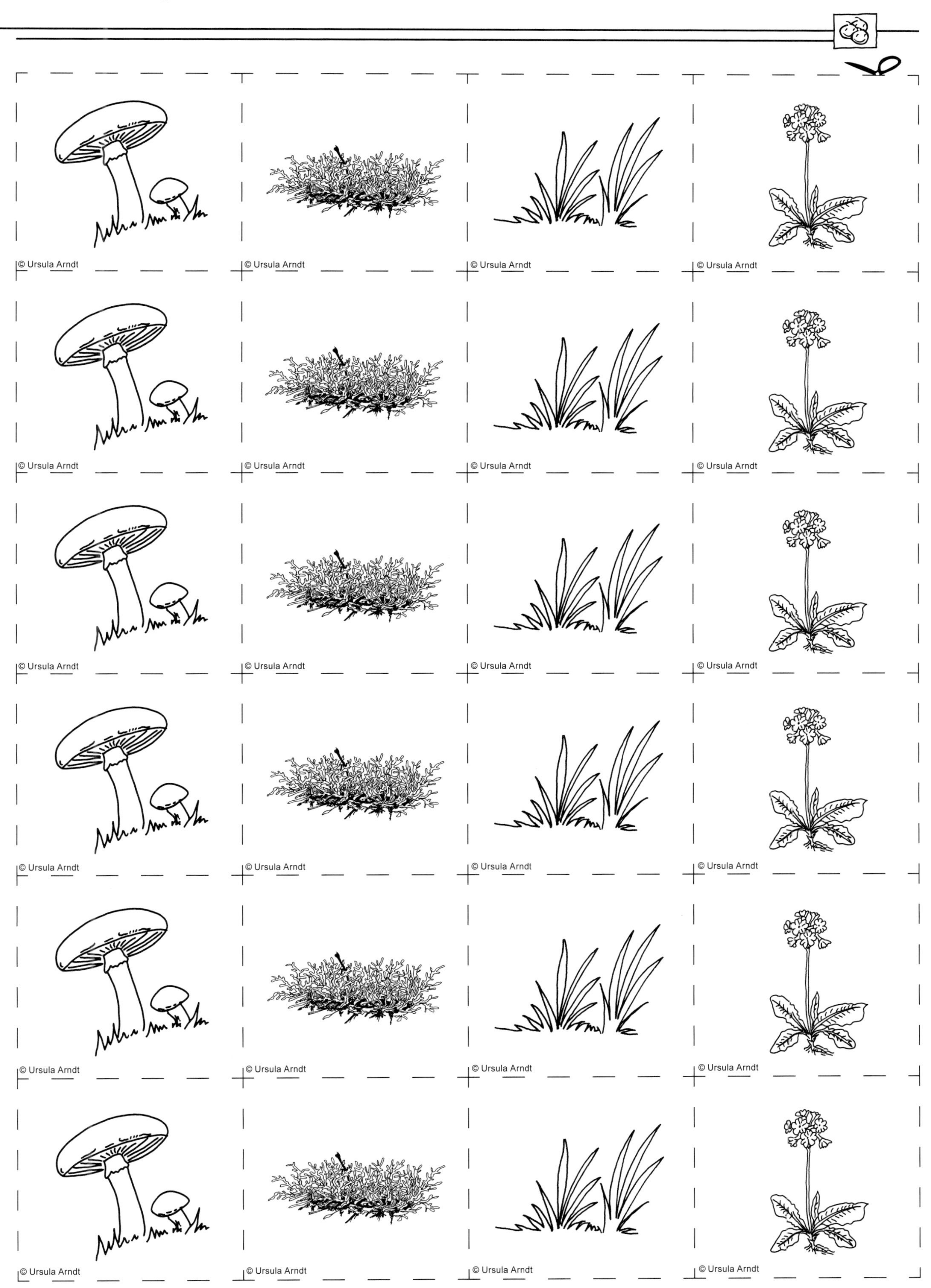



ISBN 978-3-8346-2979-1 | www.verlagruhr.de

# Ich erforsche den Heckenboden

1. 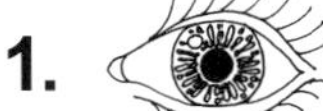 **Wie sieht die Erde aus? Zeichne.**

2. **Wie fühlt sich die Erde an? Male aus.**

3. **Wie riecht die Erde? Male aus.**

© Verlag an der Ruhr | Autorin: Aline Kurt | ISBN 978-3-8346-2979-1 | www.verlagruhr.de

# Ich erforsche den Heckenboden

**1. Sieh dir die Erde genauer an. Wie sieht sie aus? Zeichne.**

**2. Nimm etwas Erde in die Hand. Wie fühlt sie sich an? Beschreibe.**

..................................................

..................................................

..................................................

..................................................

..................................................

**3. Wie riecht der Heckenboden?**

..................................................

..................................................

..................................................

..................................................

..................................................

# Experiment

## 1. Führt das Experiment durch.

**Ihr braucht:**

- 1 Hand voll Erde
- 1 Glas mit Schraubverschluss
- 1 kleine Flasche Wasser

**So geht's:**

## 2. Stellt das Glas hin und beobachtet, was geschieht. Zeichne.

ISBN 978-3-8346-2979-1 | www.verlagruhr.de

# Wer wohnt in der Bodenschicht?

## Darum geht's

In dieser Unterrichtsstunde lernen die Kinder einen exemplarischen Bewohner des untersten Hecken-Stockwerkes kennen: den Igel. Die Kinder beschreiben sein Aussehen, beschäftigen sich mit den Stacheln und weisen dem Igel sein Stockwerk innerhalb des Hecken-Hauses zu.

## Kompetenzerwartungen

Die Kinder ...

- kennen den Igel als exemplarischen Bewohner der Bodenschicht.
- können sein Aussehen beschreiben.
- wissen, wozu der Igel Stachel besitzt.

## Materialliste

- Bildvorlage (S. 72)
- Ausschneidebogen (S. 73)
- Bastel-Strohhalm
- Blatt Papier
- Schere
- Kleber

## Das bereiten Sie vor

Kopieren Sie die Bildvorlage und den Ausschneidebogen im Klassensatz. Schneiden Sie für jedes Kind das Bild „Igel" aus. Bewahren Sie die übrigen Bilder gut auf. Diese benötigen Sie für die nachfolgenden Unterrichtsstunden.

## Stundenverlauf

### 1 Einstieg

Teilen Sie den Kindern die Bildvorlage (S. 72) aus:

- *Wer weiß denn noch, wie die einzelnen Stockwerke der Hecke heißen?(Bodenschicht, Krautschicht, Strauchschicht, Baumschicht)*

Nachdem Sie die Stockwerke wiederholt haben, leiten Sie zum eigentlichen Stundenthema über, dem Igel:

- *Heute lernen wir einen Heckenbewohner kennen, der ziemlich scheu ist. Da das Tier tagsüber schläft und nachts wach ist, sieht man es nur selten in freier Natur.*

### 2 Arbeitsphase

Teilen Sie jedem Kind das Bild „Igel" und einen Bastel-Strohhalm aus. Nachdem die Kinder das Bild in Ruhe betrachtet haben, besprechen Sie den Igel anhand der folgenden Fragen:

- *Wie heißt dieses Tier?*
- *Wie sieht sein Gesicht aus?*
- *Beschreibe seine Ohren.*
- *Wie viele Beine hat der Igel?*
- *Was trägt der Igel auf dem Rücken?*
- *Schau dir einmal den Strohhalm an. Er hat zwar keine Spitze, wie die Stacheln des Igels, aber er ist ihnen trotzdem ziemlich ähnlich. Was verrät dir der Strohhalm über die Igelstacheln? (Sie sind biegsam, leicht und innen hohl.)*
- *Wofür braucht der Igel seine Stacheln? (Er schützt sich damit vor Feinden.)*
- *Wie schützt sich der Igel vor Feinden? (Er rollt sich zu einer Stachelkugel zusammen.)*

### 3 Abschluss

Im Anschluss an das Unterrichtsgespräch malen die Kinder die Bildvorlage aus und kleben den „Igel" in das entsprechende Stockwerk (Bodenschicht).

# Wer wohnt denn da? – Bildvorlage (1/2)

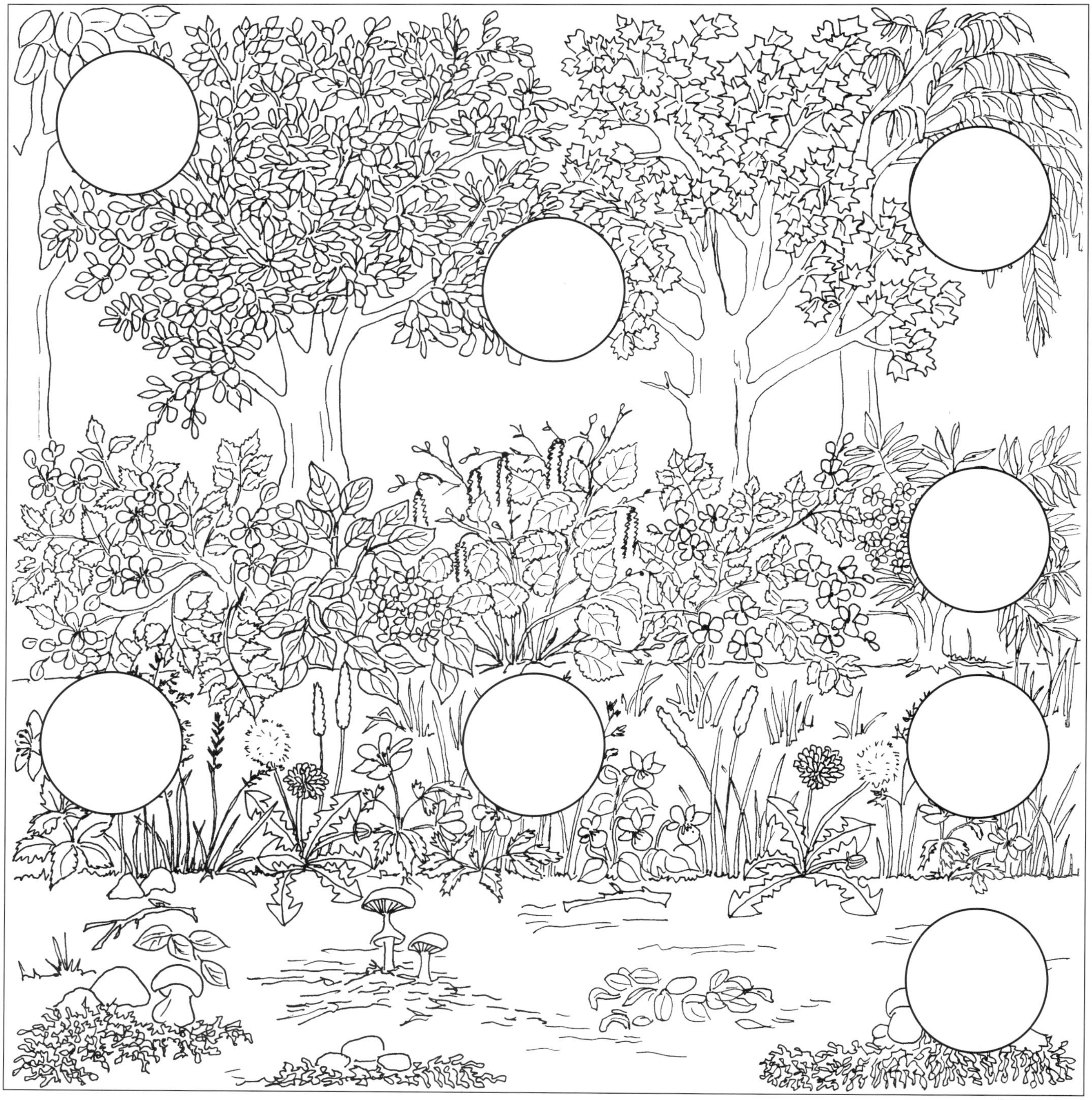

© Ursula Arndt


© Verlag an der Ruhr | Autorin: Aline Kurt |
ISBN 978-3-8346-2979-1 | www.verlagruhr.de

# Wer wohnt denn da? – Ausschneidebogen (2/2)

Schmetterlinge © Verlag an der Ruhr; Igel © Astrid Wilkesmann; Vögel © Ursula Arndt

Schmetterlinge © Verlag an der Ruhr; Igel © Astrid Wilkesmann; Vögel © Ursula Arndt

Schmetterlinge © Verlag an der Ruhr; Igel © Astrid Wilkesmann; Vögel © Ursula Arndt

# Wer wohnt in der Krautschicht?

## Darum geht's

In dieser Unterrichtsstunde setzen die Kinder sich mit dem Schmetterling auseinander. Sie erfahren, dass es zwar viele verschiedene Schmetterlingsarten gibt, sich diese jedoch in ihrem Körperbau gleichen.

## Kompetenzerwartungen

Die Kinder ...

- wissen, dass es verschiedene Schmetterlingsarten gibt.
- kennen den Körperbau der Schmetterlinge.
- wissen, in welchem Hecken-Stockwerk Schmetterlinge ihre Nahrung finden.

## Materialliste

- Bildvorlage (S. 72)
- Ausschneidebogen (S. 73)
- farbige Schmetterlingsbilder (CD-ROM)
- mehrere Heckenblumen (z. B. Löwenzahn, Buschwindröschen, Schöllkraut, Veilchen, Leberblümchen)
- mit Wasser gefüllte Vase
- Schere
- Sicherheitsnadeln
- Arbeitsblatt für jeden **Leser**

## Das bereiten Sie vor

Schneiden Sie die Schmetterlinge auf dem Ausschneidebogen (S. 73) aus. Suchen Sie in einer Hecke mehrere Heckenblumen und stellen Sie diese in eine mit Wasser gefüllte Vase. Drucken Sie die farbigen Schmetterlingsbilder (CD-ROM) aus und schneiden Sie die Schmetterlinge entlang ihrer Körperumrisse aus. Befestigen Sie die Schmetterlinge mit Hilfe von Sicherheitsnadeln an den Blumen.

## Stundenverlauf

### 1 Einstieg

Bilden Sie mit Ihren Schülern einen Sitzkreis. Sagen Sie den Kindern, dass Sie heute herausfinden wollen, wer im zweiten Hecken-Stockwerk (Krautschicht) seine Nahrung sucht. Stellen Sie nun die Heckenblumen mit den Schmetterlingen als stummen Impuls in die Kreismitte.
Nachdem die Kinder die Schmetterlinge auf den Blumen entdeckt und als Schmetterlinge identifiziert haben, kommen Sie auf deren Aussehen zu sprechen:

- Welcher Schmetterling gefällt dir am besten? Woran liegt das?

### 2 Arbeitsphase

Zurück am Platz, bearbeiten die **Leser** das Arbeitsblatt und vergleichen ihre Ergebnisse mit einem Partner. Lesen Sie den **Nichtlesern** den Infotext des Arbeitsblattes im Sitzkreis vor und besprechen Sie ihn mündlich. Nutzen Sie zur Veranschaulichung die Bildvorlagen der Schmetterlinge in der Kreismitte.

### 3 Abschluss

Händigen Sie den Kindern die Schmetterlingsbilder des Ausschneidebogens (S. 73) aus. Diese malen die Kinder in den richtigen Farben aus und kleben sie auf der Bildvorlage (S. 72) in das entsprechende Hecken-Stockwerk.

# Schmetterlinge

Es gibt viele verschiedene Schmetterlinge. Manche Schmetterlinge siehst du nur am Tag. Sie heißen Tagfalter. Du erkennst sie an ihren bunten Farben. Schmetterlinge, die auch in der Nacht fliegen, nennt man Nachtfalter. Sie sind meist braun oder grau. Alle Schmetterlinge haben den gleichen Körperbau. Sie gehören nämlich zu den Insekten. Insekten haben sechs Beine. Außerdem besteht ihr Körper aus drei Teilen: Kopf, Brust und Hinterleib. Am Kopf haben Schmetterlinge ihre Augen, zwei Fühler und einen Saugrüssel. Schmetterlinge können sehr gut sehen. Sie sehen alle Farben außer rot. Mit ihren Fühlern können sie nicht nur tasten, sondern auch schmecken. Den Saugrüssel nutzen die Schmetterlinge wie eine Art Mund. Damit nehmen sie ihre Nahrung auf, den Blütennektar. Sie finden ihn in den vielen Heckenblumen. Mit ihren Flügeln können Schmetterlinge mühelos von Blüte zu Blüte fliegen.

**1. Man unterscheidet zwei Schmetterlingsgruppen. Wie heißen sie?**

**2. Was ist bei allen Schmetterlingen gleich? Kreuze an.**

O Aussehen   O Körperbau   O Farbe

**3. Wie heißen die Körperteile? Schreibe ihren Namen auf die Linien.**

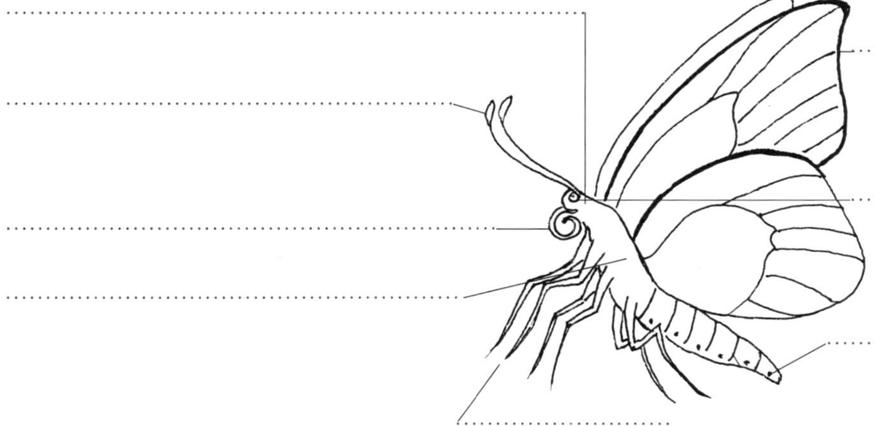

# Ein Schmetterling wächst heran

## Darum geht's

Wie entsteht der Schmetterling? Dieser Frage gehen die Kinder in der folgenden Unterrichtsstunde auf den Grund. Sie vollziehen die Entwicklung des Schmetterlings mithilfe von Bodenbildern nach, bevor sie die einzelnen Entwicklungsstadien zeichnen und in einem Kamishibai präsentieren.

## Kompetenzerwartungen

Die Kinder ...

- wissen, wie ein Schmetterling entsteht.
- erläutern die einzelnen Entwicklungsstadien.

## Materialliste

- kleiner Ast eines Heckenstrauchs
- weißer Teil eines Wattestäbchens
- Schere
- 5 cm grüner Biegeplüschdraht (Ø 4 mm)
- grüne Papierserviette
- grüner Strohhalm
- Nähgarn
- Abbildung eines Schmetterlings (CD-ROM)
- Alternativ zu den oben aufgeführten Materialien: Bildvorlagen (S. 78)
- Vorlesetext (S. 77)

für jedes Kind:

- Kamishibai-Vorlagen (S. 79/80)
- 2 Bogen Tonkarton (DIN A4)
- Schere und Kleber
- 4 Blätter Papier (DIN A6)

## Das bereiten Sie vor

Schneiden Sie einen Ast von einem Heckenstrauch ab. Kopieren Sie für jedes Kind zwei Kamishibai-Vorlagen auf farbigen Tonkarton und drucken Sie ein Schmetterlingsbild von der CD-ROM aus.

## Stundenverlauf

### 1 Einstieg

Bilden Sie mit den Kindern einen Sitzkreis und legen Sie den Ast eines Heckenstrauchs in die Kreismitte. Fragen Sie die Kinder, wo dieser in der Hecke wächst (Strauchschicht) und was dessen Blätter mit einem Schmetterling zu tun haben könnten.
Stellen Sie anschließend den Entwicklungszyklus eines Schmetterlings mithilfe der mitgebrachten Materialien und des Vorlesetextes von Seite 77 nach.

### 2 Arbeitsphase

Zurück am Platz, erhalten die Kinder die Kamishibai-Vorlagen, schneiden diese entlang der gestrichelten Linien aus und kleben sie an den markierten Stellen aufeinander.
Anschließend teilen Sie jedem Kind vier DIN-A6-Blätter aus. Die Kinder malen zu jedem Entwicklungsstadium ein Bild. Händigen Sie Schülern, die Schwierigkeiten mit der Gestaltung haben, eine Kopie der Bildvorlagen von Seite 78 aus. Diese können entweder zur Orientierung genutzt oder auch ausgeschnitten und angemalt werden. Um die Bilder im Kamishibai zu präsentieren, müssen sie zusätzlich auf ein DIN-A6-Blatt geklebt und der Reihenfolge nach in das Kamishibai geschoben werden.

### 3 Abschluss

Die Kinder stellen sich gegenseitig ihre Kamishibai-Geschichten vor. Dazu beschreiben sie ihrem Partner das erste Bild. Anschließend ziehen sie dieses heraus, sodass das nächste Bild sichtbar wird. Auf diese Weise verfahren die Kinder, bis jeder seine vier Bilder vorgestellt und den Schmetterlingszyklus erklärt hat.

# Von Ei zum Schmetterling – Vorlesetext

| | |
|---|---|
|  © Astrid Wilkesmann | Jedes Jahr im Frühling legt das Schmetterlings-Weibchen Eier auf die Blätter seiner Lieblingssträucher. *(Legen Sie den Ast in die Mitte. Positionieren Sie auf einem der Blätter den weißen Teil eines Wattestäbchens.)*<br><br>Das Schmetterlings-Weibchen legt ganz viele Eier, damit möglichst viele neue Schmetterlinge entstehen können. |
| 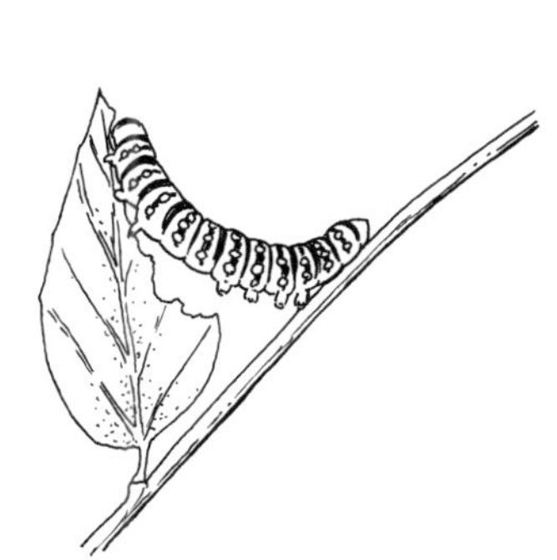 © Astrid Wilkesmann | Nach einiger Zeit schlüpft aus jedem Ei eine kleine Raupe. *(Legen Sie den Biegeplüschdraht neben das „Ei".)* Die Schmetterlings-Mutter weiß, dass ihre Kinder nach dem Schlüpfen ganz viel Hunger haben. Deshalb hat sie einen Strauch mit besonders leckeren Blättern ausgewählt. Raupen fressen nämlich gern Blätter. *(Reißen Sie kleine Stücke aus dem Blatt heraus.)* Die Raupe frisst die ganze Zeit und wird immer größer. Allerdings wächst ihre Haut nicht mit. Deshalb wirft die Raupe sie ab. Man sagt: Die Raupe häutet sich. *(Stellen Sie den Häutungsprozess mit Hilfe der Papierserviette dar.)* Nach einiger Zeit ist die Raupe ausgewachsen. Sie wirft noch einmal ihre Haut ab. Darunter ist nun eine dicke Haut. *(Entfernen Sie die Biegeplüsch-Raupe. Legen Sie stattdessen die Strohhalm-Raupe in die Kreismitte.)* |
|  © Astrid Wilkesmann | Die Raupe verpuppt sich nun. Dazu stellt sie feine Fäden her, mit denen sie ihren Körper umwickelt. *(Umwickeln Sie die Strohhalm-Raupe mit Nähgarn.)*<br><br>Mit den Fäden hängt sich die Raupe kopfüber an den Ast. *(Befestigen Sie die Strohhalm-Raupe mit den Fäden am Ast.)* |
|  © Astrid Wilkesmann | In ihrer Puppenhülle verwandelt sich die Raupe in einen Schmetterling. Wenn es soweit ist, schlüpft der Schmetterling. *(Legen Sie die Abbildung eines Schmetterlings neben den Ast.)* |

# Die Entwicklung eines Schmetterlings – Bildvorlagen

ISBN 978-3-8346-2979-1 | www.verlagruhr.de

# Mein Schmetterlings-Kamishibai – Bastelvorlage (1/2)

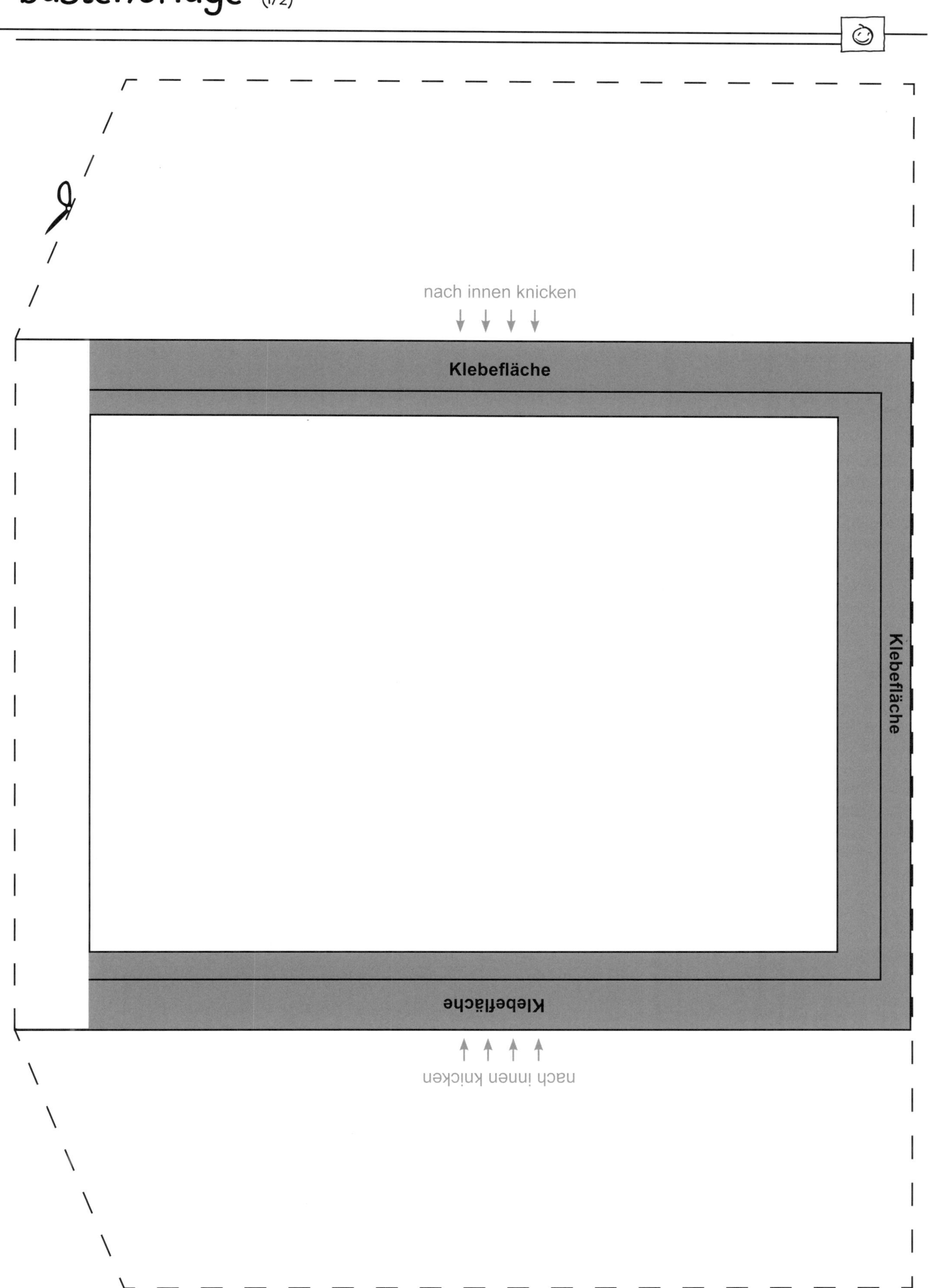

# Mein Schmetterlings-Kamishibai – Bastelvorlage (2/2)

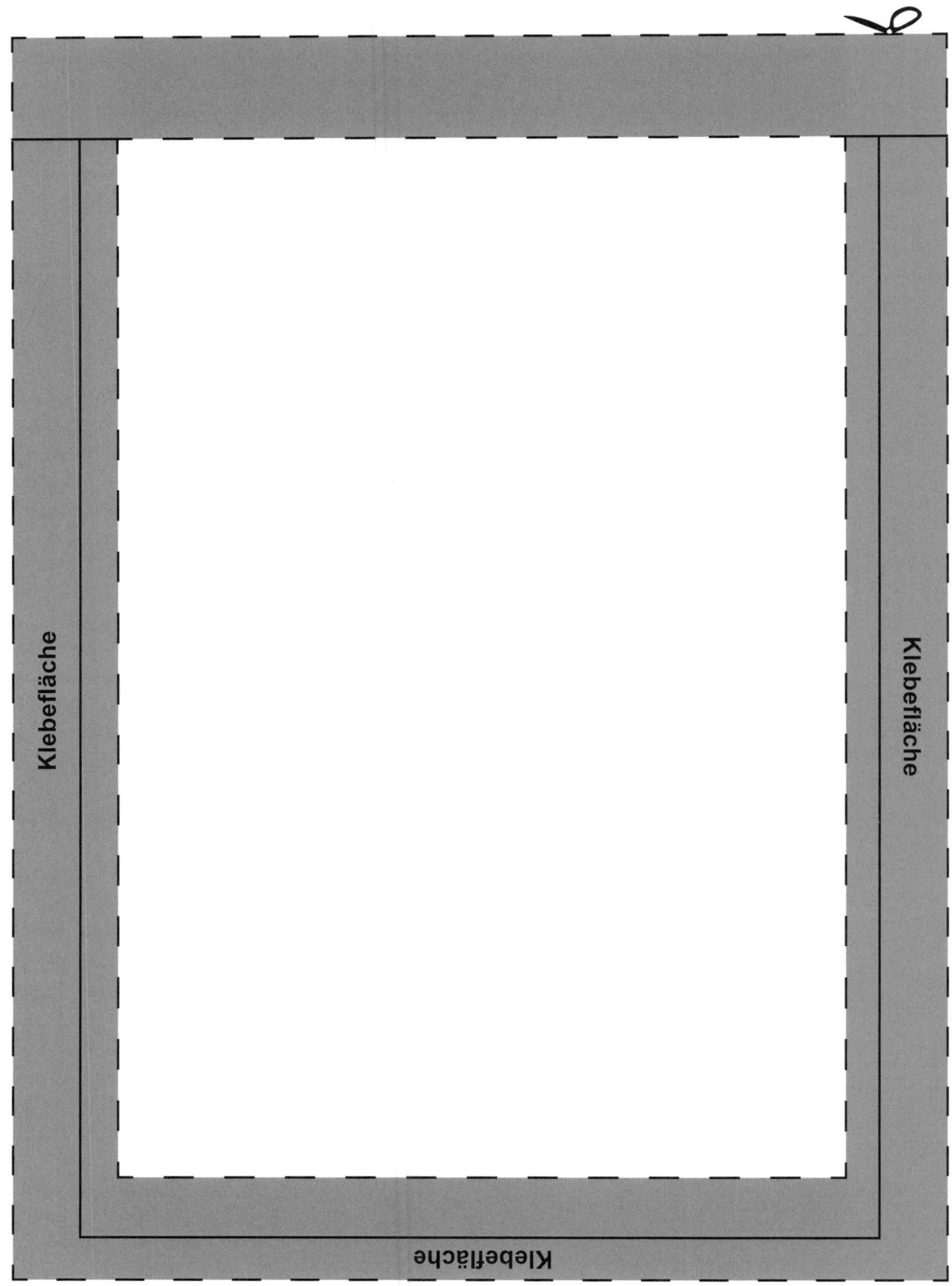





ISBN 978-3-8346-2979-1 | www.verlagruhr.de

# Wer wohnt in der Strauch- und Baumschicht?

## Darum geht's

In dieser Stunde widmen sich die Kinder den heimischen Singvögeln und deren äußeren Unterscheidungsmerkmalen. Hierzu wenden sie eine besondere Form der Bildbetrachtung an.

## Kompetenzerwartungen

Die Kinder …

- kennen unterschiedliche heimische Vögel.
- wissen, wie die Vögel aussehen.
- kennen ihre Nahrung.

## Materialliste

- Tageslichtprojektor

für jedes Schülerpaar:

- Wimmelbild (S. 82) auf (ggf. grüner) Folie
- schwarzes Tonpapier (DIN A4)

für jedes Kind:

- Vorlage „Lupe" (S. 83)
- Schere
- Arbeitsblätter (S. 84/85)
- ggf. Folienstifte (schwarz, gelb, braun, blau, grau)

## Das bereiten Sie vor

Fertigen Sie eine Folienkopie des Wimmelbildes im halben Klassensatz an. Legen Sie unter jede Folie ein Blatt schwarzes Tonpapier und tackern sie dieses am oberen Folienrand fest. Das Wimmelbild verschwindet nun und kann mithilfe der weißen Schablone (Lupe) von Seite 83 wieder sichtbar gemacht werden. Kopieren Sie außerdem die Arbeitsblätter für jedes Kind.

## Stundenverlauf

### 1 Einstieg

Teilen Sie den Kindern das vorbereitete Wimmelbild (Folienkopie auf schwarzem Tonpapier) zusammen mit der Schablone (Lupe) aus. Die Kinder schneiden die Lupe aus und untersuchen paarweise das Wimmelbild mit deren Hilfe. Dazu legen sie die Schablone zwischen Folienkopie und Tonpapier und machen so die auf der Folie abgebildeten Vögel wieder sichtbar.

Geben Sie den Kindern ausreichend Zeit, das Bild zunächst in Ruhe zu betrachten, bevor Sie ihre Aufmerksamkeit auf einzelne Bildaspekte lenken:

- *Welche Tiere siehst du auf dem Bild?*
- *Sehen die Vögel alle gleich aus?*
- *Vergleiche ihre Schnäbel, ihre Füße und ihr Gefieder. Welche Unterschiede kannst du feststellen?*
- *Wo befinden sich die Vögel in der Hecke? Was, glaubst du, machen sie dort?*

### 2 Arbeitsphase

Teilen Sie jedem Kind eine Kopie der Arbeitsblätter (S. 84/85) aus. Zu jedem der hier abgebildeten Vögel findet sich ein kurzer Text mit Informationen über dessen Aussehen. Die Kinder malen die Vögel entsprechend der Beschreibung aus und ergänzen deren Nahrung. Lesen Sie **Nichtlesern** hierfür den Infotext vor.

Sollten die Kinder über ausreichend viele Folienstifte verfügen, kann auch direkt auf die Folie gemalt werden.

### 3 Abschluss

Vergleichen Sie die Ergebnisse am Tageslichtprojektor. Legen Sie hierzu eine Folienkopie des Wimmelbildes (S. 82) auf und schraffieren Sie die Vögel in den entsprechenden Farben.

# Wer zwitschert denn hier? – Wimmelbild (I/2)

ISBN 978-3-8346-2979-1 | www.verlagruhr.de

# Wer zwitschert denn hier? – Lupe (2/2)

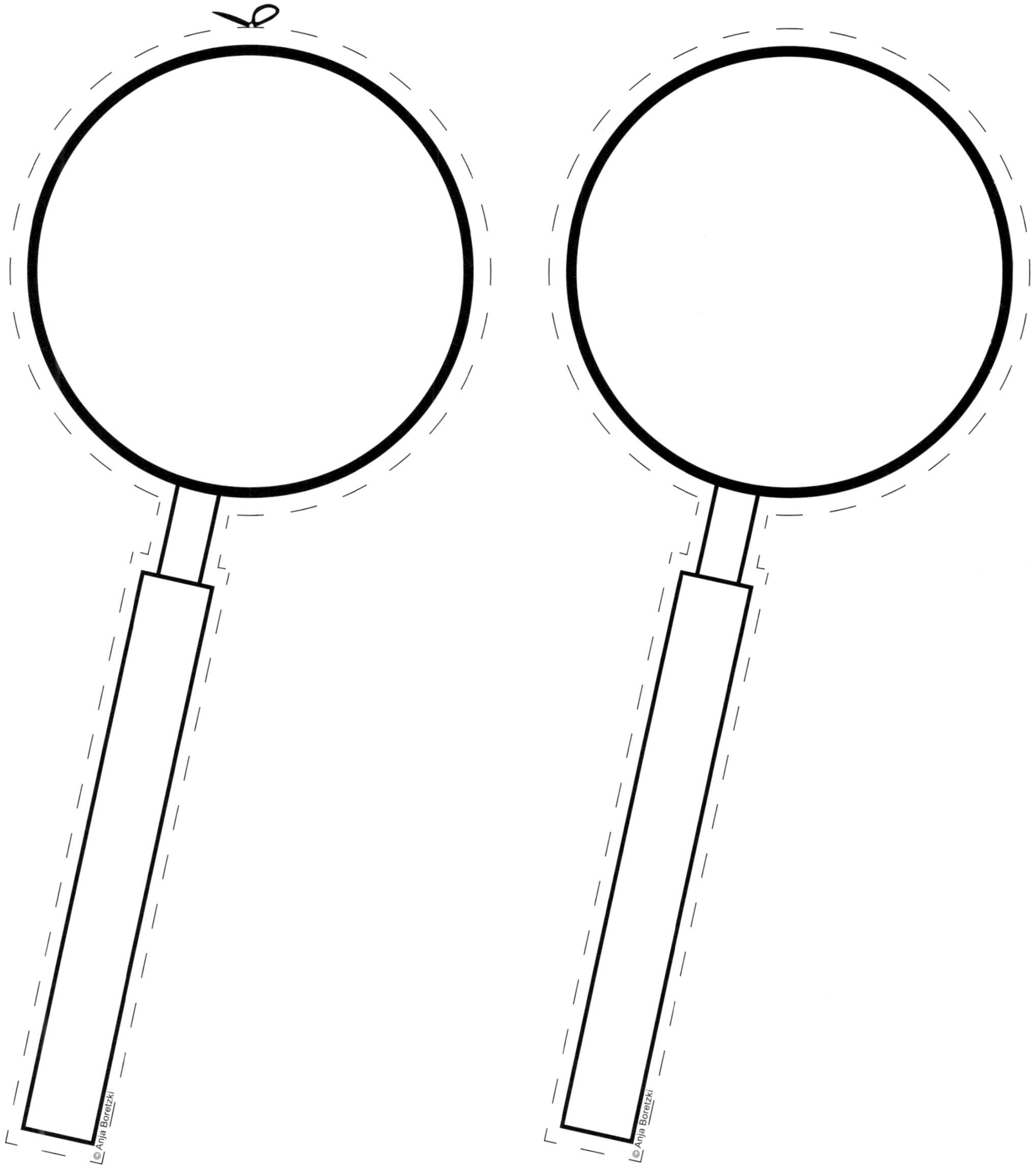

© Anja Boretzki

© Anja Boretzki




ISBN 978-3-8346-2979-1 | www.verlagruhr.de

# Ich schau mir Vögel in der Hecke an (I/2)

**1. Wie sehen die Vögel aus? Male sie richtig an.**

Das **Amselmännchen** ist schwarz. Sein Schnabel ist gelb. Das Weibchen hat ein braunes Gefieder und einen braunen Schnabel. Beide haben einen kleinen und spitzen Schnabel. Amseln fressen gern Regenwürmer und Früchte.

Der **Haussperling** wird auch Spatz genannt. Die Flügel sind braun-schwarz. Der Bauch und die Brust des Weibchens sind grau. Das Spatzenmännchen hat auch einen grauen Bauch. Auf der Brust hat es einen schwarzen Fleck. Beide haben einen dicken, schwarzen Schnabel. Damit fressen sie am liebsten Samen.

ISBN 978-3-8346-2979-1 | www.verlagruhr.de

# Ich schau mir Vögel in der Hecke an (2/2)

Die **Blaumeise** hat einen blauen Kopf und blaue Flügel. Ihr Bauch und ihre Brust sind gelb. Der Schnabel ist kurz und spitz. Sie frisst gern Insekten und Spinnen.

Die **Kohlmeise** hat einen schwarzen Kopf. An den Seiten ist der Kopf weiß. Die Kohlmeise hat eine gelbe Brust und einen gelben Bauch. Der schwarze Schnabel ist kurz und spitz. Damit kann sie ihr Lieblingsessen gut fangen. Wie die Blaumeise fressen Kohlmeisen nämlich gern Insekten und Spinnen.

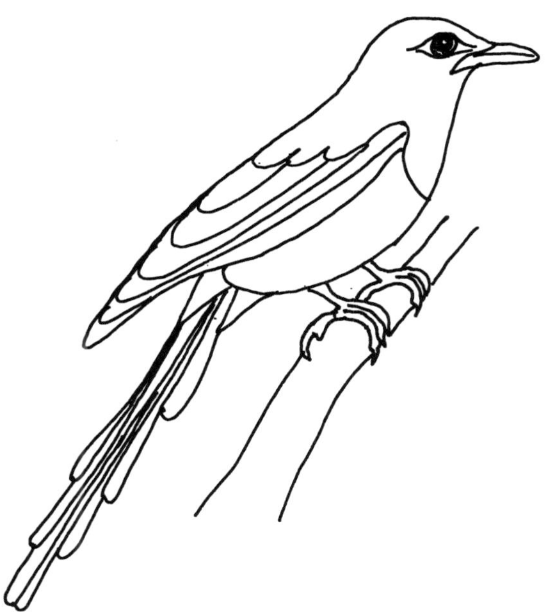

Die **Elster** ist ein ziemlich großer Vogel. Ihr Kopf, ihr Rücken, die Brust und die Beine sind schwarz. Auch der lange Schwanz ist schwarz. Nur ihr Bauch ist weiß. Mit ihrem langen, dicken Schnabel kann sie verschiedene Dinge fressen. Elstern mögen gern Insekten, Würmer, Schnecken. Sie fressen sogar tote Tiere.

**2. Was fressen die Vögel? Zeichne neben die Vögel.**


ISBN 978-3-8346-2979-1 | www.verlagruhr.de

# Hecken-Entdecker (I/2)

## Darum geht's

In dieser Doppelstunde erforschen die Kinder eine Hecke in freier Natur und halten ihre Ergebnisse in einem selbstgestalteten Lapbook fest. Je nach Lernvoraussetzung Ihrer Schüler muss für die Erstellung und Präsentation des Lapbooks etwas mehr Zeit eingeplant werden – es lohnt sich!

## Kompetenzerwartungen

Die Kinder …

- untersuchen eine Hecke in freier Natur.
- kennen Verhaltensregeln im Umgang mit der Natur.
- präsentieren ihre Ergebnisse in einem Lapbook.

## Materialliste

für alle Kinder:

- Bestimmungsbogen (S. 90)
- Klemmbrett
- Stifte
- Stoffbeutel
- Lapbook-Vorlage (S. 92) auf Tonpapier (DIN A3) kopiert
- Hecken-Faltbuch (S. 93/94)
- Schere
- Kleber
- Tonpapier
- weiße Blätter

für die **Nichtleser**:

- Forscherbogen (S. 88)

für die **Leser**:

- Forscherbogen (S. 89)
- Lapbook- Anleitung (S. 91)

## Das bereiten Sie vor

Wählen Sie vor Unterrichtsbeginn eine Hecke aus, in der möglichst viele unterschiedliche Sträucher, Blumen und evtl. auch Bäume zu sehen sind. Die Hecke sollte sich möglichst in der Nähe des Schulgebäudes befinden. Kopieren Sie für alle Kinder den Strauch-Bestimmungsbogen (S. 90) und die Vorlagen für das Hecken-Faltbuch (S. 93/94). Die Lapbook-Vorlage (S. 92) kopieren Sie für jedes Kind auf DIN-A3-Tonpapier. Fertigen Sie für die **Nichtleser** eine Kopie des Forscherbogens von Seite 88 an. Die **Leser** benötigen eine Kopie des Forscherbogens von Seite 89 und zusätzlich die Lapbook-Anleitung von Seite 91.

## Stundenverlauf

### 1 Einstieg

Sagen Sie den Kindern, dass sie heute zu Hecken-Entdeckern werden und dass dies natürlich am besten in der Natur gelingt.
Händigen Sie jedem Kind einen Stoffbeutel aus, in dem es den Strauch-Bestimmungsbogen und den Forscherbogen zusammen mit einem Klemmbrett und ausreichend vielen Stiften verstaut.
Führen Sie die Kinder zur Hecke und überlegen Sie unterwegs gemeinsam, welche Verhaltensregeln im Umgang mit der Hecke besonders wichtig sind (z. B. keine Pflanzen und Tiere verletzen; darauf achten, wo man hintritt …). Lassen Sie die Kinder dazu paarweise hintereinander in einer Reihe gehen. Das linke Kind in der ersten Reihe äußert eine Idee, die von seinem Partner ergänzt wird. Anschließend nennt das rechte Kind in der zweiten Reihe seine Idee. Verfahren Sie auf diese Weise, bis sich jedes Kind geäußert hat. Gestatten Sie Ihren Schülern, die gleichen Verhaltensregeln öfter zu nennen. Durch die Wiederholungen werden sie besser verinnerlicht.

**Tipp:** Wenn Sie bereits die Wiesen-Entdecker-Stunden (S. 40–50) durchgeführt haben, können Sie hier gezielt das Vorwissen der Kinder aktivieren.

# Hecken-Entdecker (2/2)

## 2 Arbeitsphase

Am Standort der Hecke angekommen, bitten Sie die Kinder zunächst, die Hecke still auf sich wirken zu lassen. Lesen Sie hierzu den folgenden Text langsam und mit ruhiger Stimme vor. Machen Sie nach jedem Abschnitt eine kleine Pause:

### Hecken-Meditation

*Werde nun einmal ganz still.*

*Spüre, wie beim Einatmen die frische Luft der Hecke in deinen Körper gelangt.*

*Merke, wie sie beim Ausatmen aus deinem Körper strömt.*

*Dabei trägt die ausgeatmete Luft all deine Sorgen und deine Anspannung mit sich fort.*

*Spüre, wie deine Füße fest auf dem Boden vor der Hecke stehen.*

*Fühlst du die Kraft, die über deine Füße in deinen ganzen Körper gelangt?*

*Schau dir nun in aller Ruhe die Hecke an.*

*Betrachte sie.*

*Achte auf das, was sich in der Hecke rührt, und bleibe mit all deiner Aufmerksamkeit bei der Hecke.*

Nach der kurzen Hecken-Meditation holen die Kinder den Bestimmungsbogen und den Forscherbogen aus ihrer Tasche und notieren ihre Beobachtungen. Lesen Sie den **Nichtlesern** die Aufgaben vor.

## 3 Abschluss

Zurück im Klassenzimmer, gestaltet jedes Kind ein Lapbook, in dem es seine Beobachtungen aus dem Unterrichtsgang festhält. Hierzu erhalten alle Kinder eine auf Tonpapier kopierte Lapbook-Vorlage (S. 92), die Faltbuch-Vorlagen von Seite 93/94 und entsprechende Bastelutensilien für deren Gestaltung.

Die **Leser** erhalten zusätzlich die Lapbook-Anleitung von Seite 91, die wichtige Hinweise zur Erstellung des Lapbooks für sie bereithält. Lassen Sie diese Hinweise den **Nichtlesern** mündlich zukommen.

Generell empfiehlt es sich, den Kindern bei der Gestaltung ihres Lapbooks freie Hand zu lassen – Sie werden überrascht sein, wie kreativ Ihre Schüler sind!

Gestalten Sie abschließend aus den fertigen Lapbooks eine kleine Ausstellung.

# Ich bin ein Hecken-Forscher – Forscherbogen

**1. Welche Sträucher siehst du?
Kreuze sie auf dem Bestimmungsbogen an.**

**2. Welche Pflanzen wachsen unter der Hecke?
Zeichne.**

**3. Welche Tiere kannst du entdecken?
Kreise ein.**

**4. Welche Tiere siehst du noch?
Zeichne sie in die leeren Kästchen.**




ISBN 978-3-8346-2979-1 | www.verlagruhr.de

# Ich bin ein Hecken-Forscher – Forscherbogen

**1. Wie riecht die Hecke? Wie fühlt sie sich an? Schreibe auf.**

..........................................................................................

..........................................................................................

..........................................................................................

..........................................................................................

**2. Welche Sträucher siehst du? Finde sie im Bestimmungsbogen. Schreibe ihre Namen auf.**

..........................................................................................

..........................................................................................

**3. Welche Pflanzen wachsen unter der Hecke? Zeichne.**

**4. Welche Tiere kannst du entdecken? Schreibe auf.**

..........................................................................................

..........................................................................................

# Mein Strauch-Bestimmungsbogen

| | |
|---|---|
| © S.Bachstroem – Fotolia.com<br>**Brombeerstrauch** | © Elenathewise – Fotolia.com<br>**Eberesche** |
| © lamax – Fotolia.com<br>**Hartriegel** | © Wolfgang Kruck – Fotolia.com<br>**Haselnussstrauch** |
| © Joachim Opelka – Fotolia.com<br>**Heckenrose** | © emberiza – Fotolia.com<br>**Holunder** |
| © Franziska Krause – Fotolia.com<br>**Liguster** | © Joachim Opelka – Fotolia.com<br>**Schlehe** |

ISBN 978-3-8346-2979-1 | www.verlagruhr.de

# Mein Hecken-Lapbook

Herzlichen Glückwunsch: Du bist ein super Heckenforscher!
Lass die anderen an deinem neuen Wissen teilhaben.
Das klappt am besten mit einem Lapbook (sprich Läppbuck).
Ein Lapbook ist ein besonderes Buch. Es erinnert ein bisschen an eine Schatztruhe. Bist du neugierig geworden?
Dann lies, wie du dein eigenes Lapbook erstellst.

**Du brauchst:**

- Lapbook-Vorlage
- Faltbuch-Vorlage
- Schere
- Buntstifte
- Papier
- Forscherbogen

**So geht es:**

1. Schneide die Lapbook-Vorlage aus.
2. Schau dir deinen Forscherbogen an.
   Was hast du als Hecken-Forscher alles kennengelernt?
   Überlege, was du in deinem Lapbook davon zeigen möchtest.
3. Du kannst alle Innenseiten des Lapbooks nutzen.
   Hier kannst du schreiben und malen.
4. Besonders schön ist es, wenn du noch ein oder zwei Faltbücher bastelst. Schneide dazu die Vorlagen aus.
5. Knicke das Faltbuch an den gestrichelten Linien.
6. Überlege, was du in dein Faltbuch malen könntest.
7. Klebe dein Faltbuch in dein Lapbook.

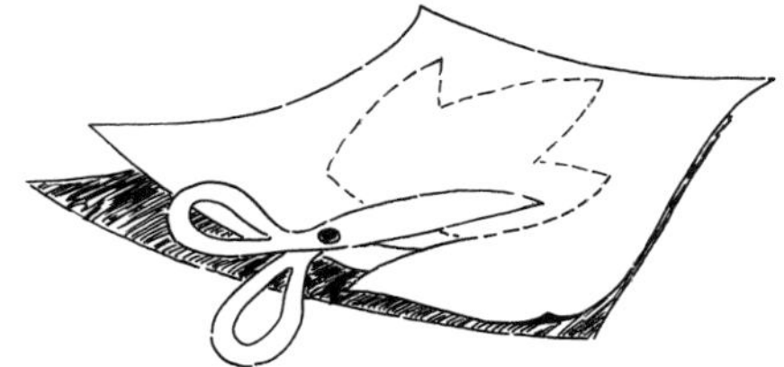

# Mein Hecken-Lapbook – Bastelvorlage

Mein Hecken-Lapbook

nach hinten knicken




ISBN 978-3-8346-2979-1 | www.verlagruhr.de

# Mein Hecken-Faltbuch – Bastelvorlagen (1/2)

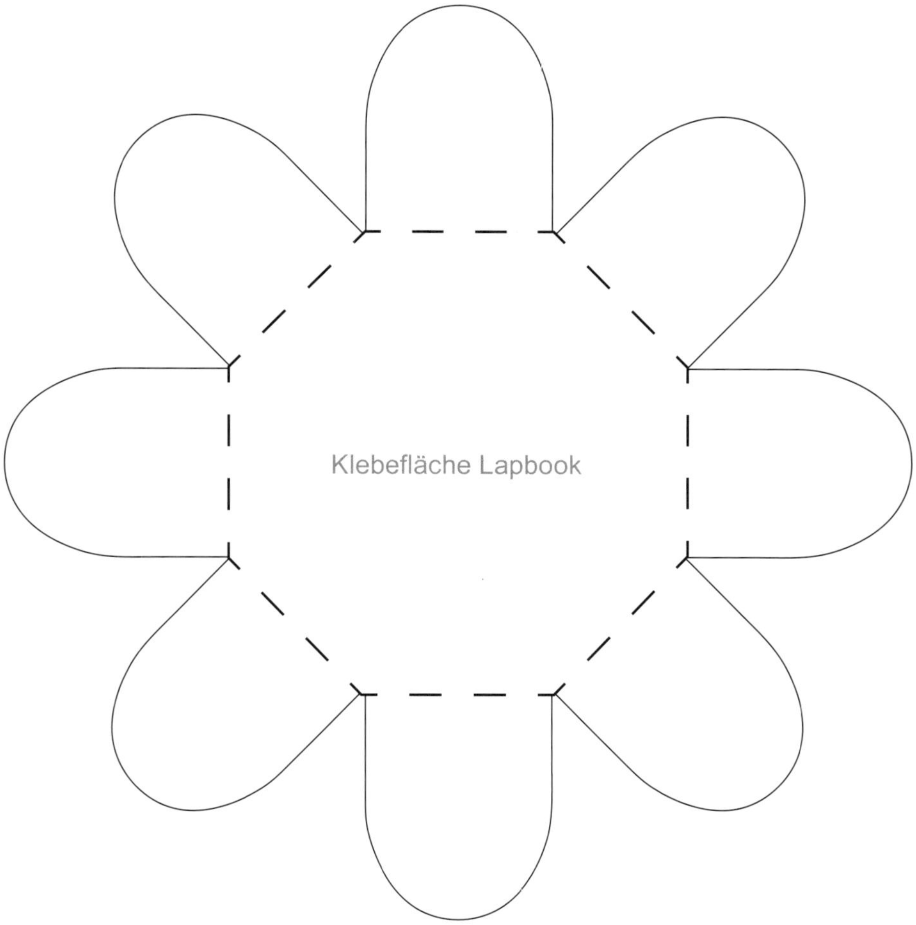

Klebefläche Lapbook

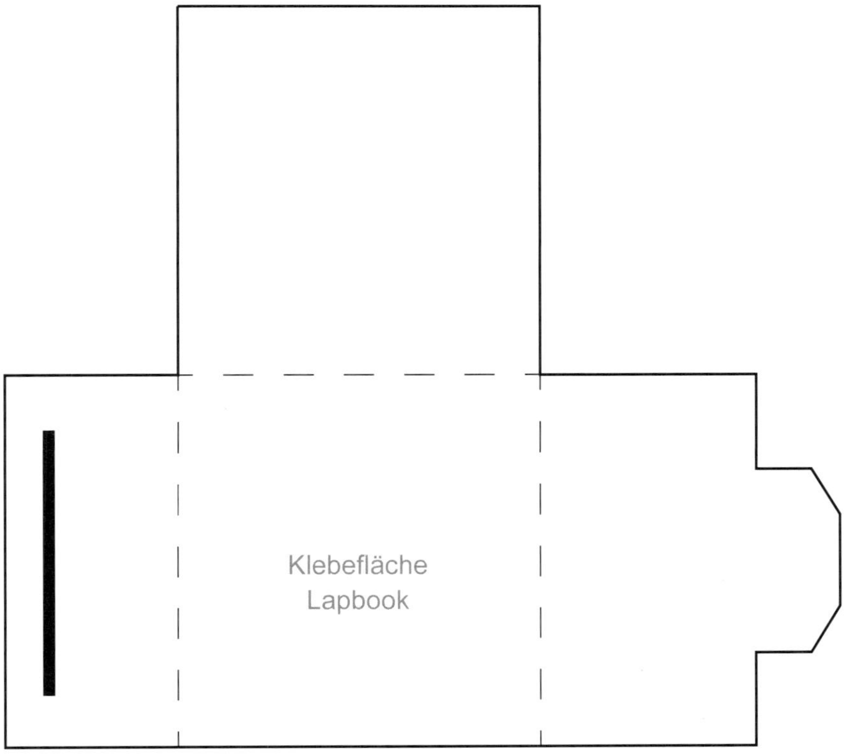

Klebefläche
Lapbook

# Mein Hecken-Faltbuch – Bastelvorlagen (2/2)

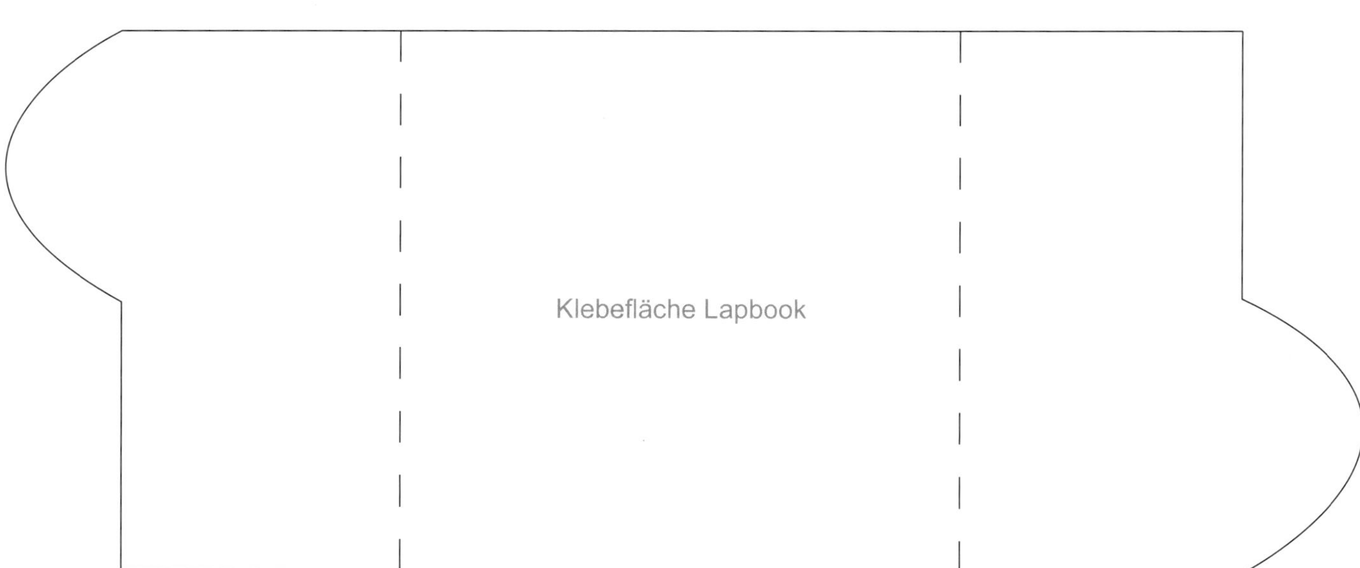





ISBN 978-3-8346-2979-1 | www.verlagruhr.de

# Literaturtipps


*Dieck, Regina; Jacobasch, Grit; Schwanz, Anke:*
**Naturentdecker unterwegs. 50 spontan umsetzbare Natur-Mitmach-Aktionen für 5- bis 10-Jährige.**
Verlag an der Ruhr, 2014.
ISBN 978-3-8346-2601-1

*Frechen, Bernadette; Schößler, Stefanie; Willmeroth, Sabine:*
**Die Sommer-Werkstatt, Klasse 1/2. Kompetenzen erwerben im Sachunterricht.**
Verlag an der Ruhr, 2011.
ISBN 978-3-8346-0779-9

*Frechen, Bernadette; Schößler, Stefanie; Willmeroth, Sabine:*
**Die Frühlings-Werkstatt, Klasse 1/2. Kompetenzen erwerben im Sachunterricht.**
Verlag an der Ruhr, 2010.
ISBN 978-3-8346-0620-4

*Frechen, Bernadette; Schößler, Stefanie; Willmeroth, Sabine:*
**Die Herbst-Werkstatt, Klasse 1/2. Kompetenzen erwerben im Sachunterricht.**
Verlag an der Ruhr, 2010.
ISBN 978-3-8346-0695-2

*Frechen, Bernadette; Schößler, Stefanie; Willmeroth, Sabine:*
**Die Winter-Werkstatt, Klasse 1/2. Kompetenzen erwerben im Sachunterricht.**
Verlag an der Ruhr, 2009.
ISBN 978-3-8346-0550-4

*Jung, Heike:*
**Feld- und Wiesentiere – Fotokarten mit Sachinfos.**
Verlag an der Ruhr, 2008.
ISBN 978-3-8346-0433-0

*Jung, Heike:*
**Kinder lernen Tiere aus Feld und Wiese kennen. Ein Arbeitsbuch mit Steckbriefen, Sachgeschichten, Rätseln, Spielen und Bildkarten.**
Verlag an der Ruhr, 2008.
ISBN 978-3-8346-0359-3

*Locker, Corinna:*
**Der Regenwurm. Klasse 3/4. Werkstatt kompakt.**
Verlag an der Ruhr, 2013.
ISBN 978-3-8346-2451-2

*Preuß, Carola; Ruge, Klaus:*
**Kinder lernen Vögel kennen, m. Vogelstimmen-Audio-CD.**
Verlag an der Ruhr, 2016.
ISBN 978-3-8346-0086-8

*Renner, Franz:*
**Welche Wiesenblume ist das? Kopiervorlagen zur Bestimmung der häufigsten Wiesenblumen.**
Brigg Pädagogik, 2008.
ISBN 978-3-87101-344-7

*Rickli, Ursula:*
**Lernwerkstatt Leben im Boden: Maulwurf, Assel, Käfer & Co.**
Kohl-Verlag, 2013.
ISBN 978-3-86632-116-8

*Steinmaier, Jana:*
**Die Schmetterlinge. Eine Lernwerkstatt für Klasse 1–2.**
Lernbiene Verlag, 2013.
ISBN 978-3-86998-629-6

*Voake, Charlotte:*
**Veilchen, Mohn und Gänseblümchen. Pflanzen bestimmen mit Kindern.**
Gerstenberg Verlag, 2006.
ISBN 978-3-8369-5106-7

*Zindler, Kathrin; Wieringer, Stefanie:*
**Die Schnecken-Werkstatt.**
Verlag an der Ruhr, 2001.
ISBN 978-3-86072-633-4